VIAGEM PELAS HISTÓRIAS DA AMAZÔNIA

QUAL É O SEU NORTE?

SILVANA SALERNO

VIAGEM PELAS HISTÓRIAS DA AMAZÔNIA

QUAL É O SEU NORTE?

Ilustrações de
CÁRCAMO

Edição revista e atualizada

Companhia das Letrinhas

Grafia atualizada segundo o Acordo Ortográfico da Língua Portuguesa de 1990, que entrou em vigor no Brasil em 2009.

Projeto gráfico
SILVIA MASSARO

Mapas
SONIA VAZ

Preparação
MARIA FERNANDA ALVARES
ANA MARIA ALVARES

Revisão
ADRIANA MOREIRA PEDRO
JANE PESSOA
ANA LUIZA COUTO

Revisão técnica (2ª edição)
NARA RAGGIOTTI

Composição (2ª edição)
WILIAM PORTILHO | WAP STUDIO

Dados Internacionais de Catalogação na Publicação (CIP)
(Câmara Brasileira do Livro, SP, Brasil)

Salerno, Silvana
Viagem pelas histórias da Amazônia : qual é o seu Norte? / Silvana Salerno ; ilustrações de CárcamO. — 2ª ed. — São Paulo : Companhia das Letrinhas, 2025.

ISBN 978-65-5485-168-8

1. Amazônia — História 2. Literatura infantojuvenil I. CárcamO. II. Título

25-279069 CDD-028.5

Índices para catálogo sistemático:
1. Literatura infantil 028.5
2. Literatura infantojuvenil 028.5

Eliete Marques da Silva — Bibliotecária — CRB-8/9380

2ª edição

EDITORA SCHWARCZ S.A.
Rua Bandeira Paulista, 702, cj. 32
04532-002 — São Paulo — SP — Brasil
(11) 3707-3500
www.companhiadasletrinhas.com.br
www.blogdaletrinhas.com.br
/companhiadasletrinhas
@companhiadasletrinhas
/CanalLetrinhaZ

FSC
www.fsc.org
MISTO
Papel | Apoiando uma gestão florestal responsável
FSC® C121203

A marca FSC® é a garantia de que a madeira utilizada na fabricação do papel deste livro provém de florestas que foram gerenciadas de maneira ambientalmente correta, socialmente justa e economicamente viável, além de outras fontes de origem controlada.

Esta obra foi composta em Garamond Pro, Futura, Nueva e Dom Casual e impressa pela Corprint em ofsete sobre papel Couché Matte da Suzano S.A. para a Editora Schwarcz em agosto de 2025.

Sumário

VAMOS PARA O NORTE!

Quando eu era criança, ficava imaginando como seria a Amazônia... o maior rio do mundo naquela mata gigantesca, cheia de lendas e mistérios, habitada por mitos fantásticos. Toda mata é enigmática, cheia de aventuras. Imagine a floresta amazônica, que está em grande parte intocada, quantos mistérios não deve ter!

Não só a floresta amazônica. Toda a região Norte tem atrativos tão especiais que despertam curiosidade e interesse no mundo inteiro. Você já deve saber que a Amazônia é uma das regiões mais ricas do planeta: tem a maior bacia hidrográfica e uma variedade imensa de peixes, aves, borboletas e outros insetos, mamíferos e plantas.

Sua fauna e sua flora, porém, são muito sensíveis às atividades humanas. A interferência das pessoas na mata deve ser feita de acordo com o ciclo da natureza, para que não se destruam as espécies ali encontradas — algumas delas, até, são destruídas antes mesmo de serem descobertas, tamanha é a desinformação sobre a biodiversidade amazônica.

Quem não sonhou, como eu, em conhecer a maior floresta do planeta e a região em que ela fica? Foi esse sonho que me levou a dar um "mergulho" no Norte do Brasil para estudá-lo e apresentá-lo a vocês.

Fiz diversas viagens pela Amazônia, de avião, de ônibus, de navio e de barco — a maioria delas na época das chuvas, que vai de novembro a julho, quando o barco pode se embrenhar pelos igapós (mata inundada) e pelos igarapés (canais que ligam duas ilhas ou uma ilha à terra firme) e furos (cursos de água que ligam rios ou rios e lagos) ao longo da floresta. Conheci ervas medicinais e árvores, aves e outros animais, rios e lagoas, as populações locais, suas narrativas, sua arte e seu artesanato. E ouvi muitas histórias. A cultura amazônica é tão rica quanto a sua natureza.

A cultura popular, de origem indígena, tem histórias conhecidas em todo o Brasil — como "O boto" e "Boi-bumbá" — e outras menos difundidas — como "A sumaúma", "A cor dos pássaros", "Macunaíma e o monte Roraima" e "O roubo do fogo", que eu conto aqui, junto com a fábula "O jabuti e o veado".

Neste livro, há também o relato da vida de duas personalidades marcantes para a região: o marechal Rondon, que viveu na primeira metade do século XX, e Chico Mendes, que viveu na segunda metade do mesmo século. Rondon mapeou Mato Grosso, Amazonas e Pará, fundou o Serviço de Proteção ao Índio (SPI) e legou o respeito aos povos originários e a responsabilidade do Brasil em relação a eles. Chico Mendes, ativista ambiental conhecido mundialmente, dedicou a vida em defesa da Amazônia e dos povos da floresta.

Para falar da vida dos ribeirinhos, que vivem em localidades distantes das principais cidades, escrevi "A chegada do regatão", que mostra um meio de comércio quase em extinção — pouquíssimas cidades da ilha de Marajó, das ilhas da costa do Amapá e da Terra do Meio (no sudeste do Pará, entre os rios Xingu e Tapajós) ainda dependem dos serviços dos regatões.

Mas só as histórias não bastavam. Era preciso apresentar informações e especificidades da região. Então, para tornar a leitura mais ágil, montei o livro da seguinte forma: cada capítulo tem, em geral, uma ou duas histórias, seguidas de curiosidades relativas aos assuntos abordados. Todos os capítulos se encerram com páginas temáticas referentes ao conteúdo. Assim, temos: "Biodiversidade" (floresta, fauna e flora); "Os 'remédios' da floresta" (plantas medicinais, uso e atividades profissionais); "Parques, reservas e sítios arqueológicos"; "Como viver da floresta sem desmatá-la" (comunidades e organizações que adotaram a sustentabilidade e o manejo florestal como meio de sobrevivência); e "Como a Amazônia se tornou Brasil" (breve história da região nos últimos cinco séculos).

Li livros muito interessantes de pesquisadores que viajaram pela região nos séculos XIX e XX e coletaram histórias de diversos povos indígenas. Um deles foi o alemão Curt Unkel, um apaixonado pela Amazônia que passou parte da sua vida pesquisando a cultura local (de 1913 a 1945) e ganhou dos indígenas o nome de Nimuendaju, que significa "homem que abriu seu próprio caminho". O antropólogo Manuel Nunes Pereira deu continuidade ao trabalho de Nimuendaju: durante cinquenta anos coletou narrativas entre os povos indígenas, o que deu origem a uma grande obra chamada *Moronguêtá: um decameron indígena.*

Foi com base nessa pesquisa que escrevi as histórias que compõem este livro. Então, vamos descobrir agora cada uma delas?

O VERDE NA AMAZÔNIA

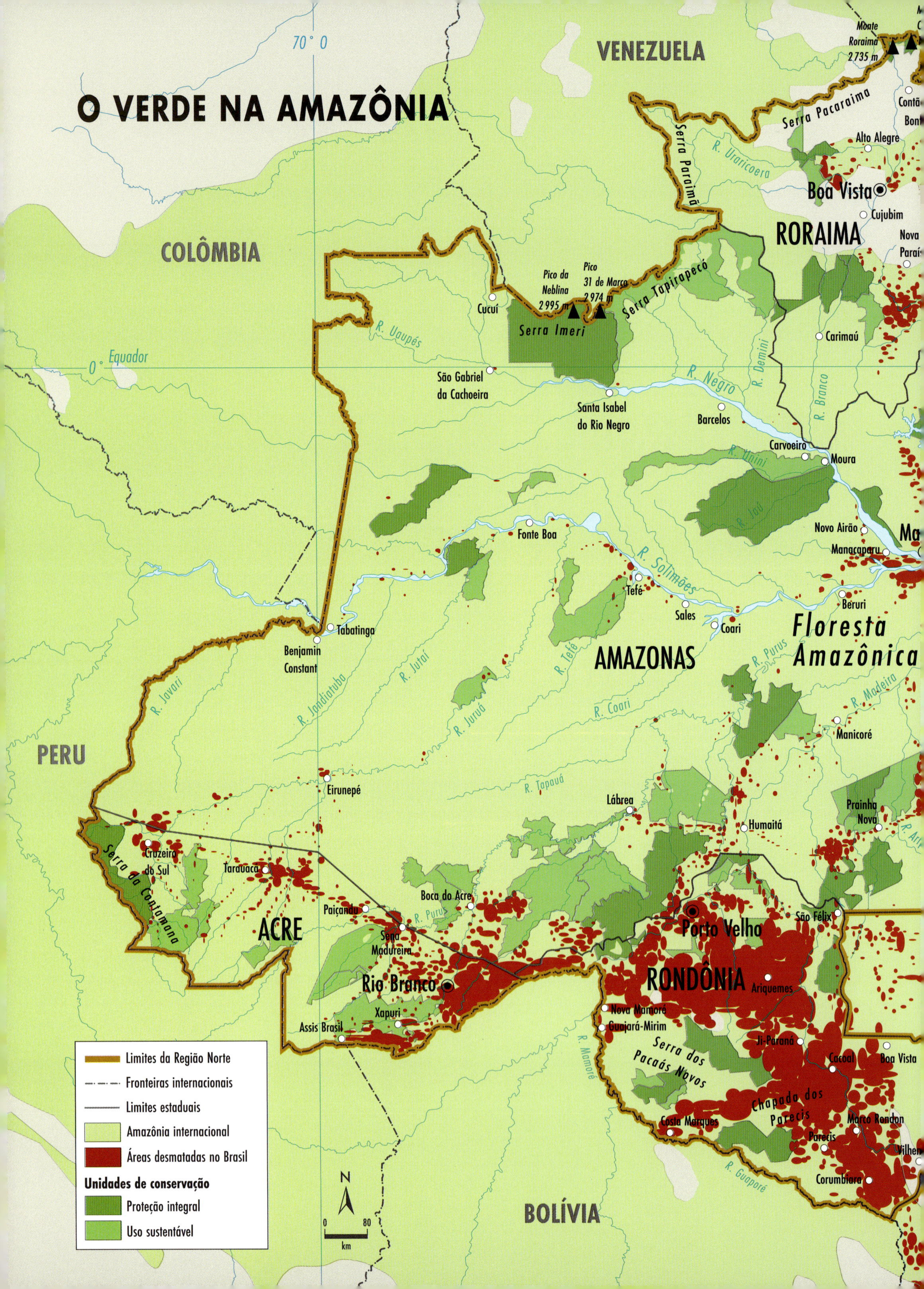

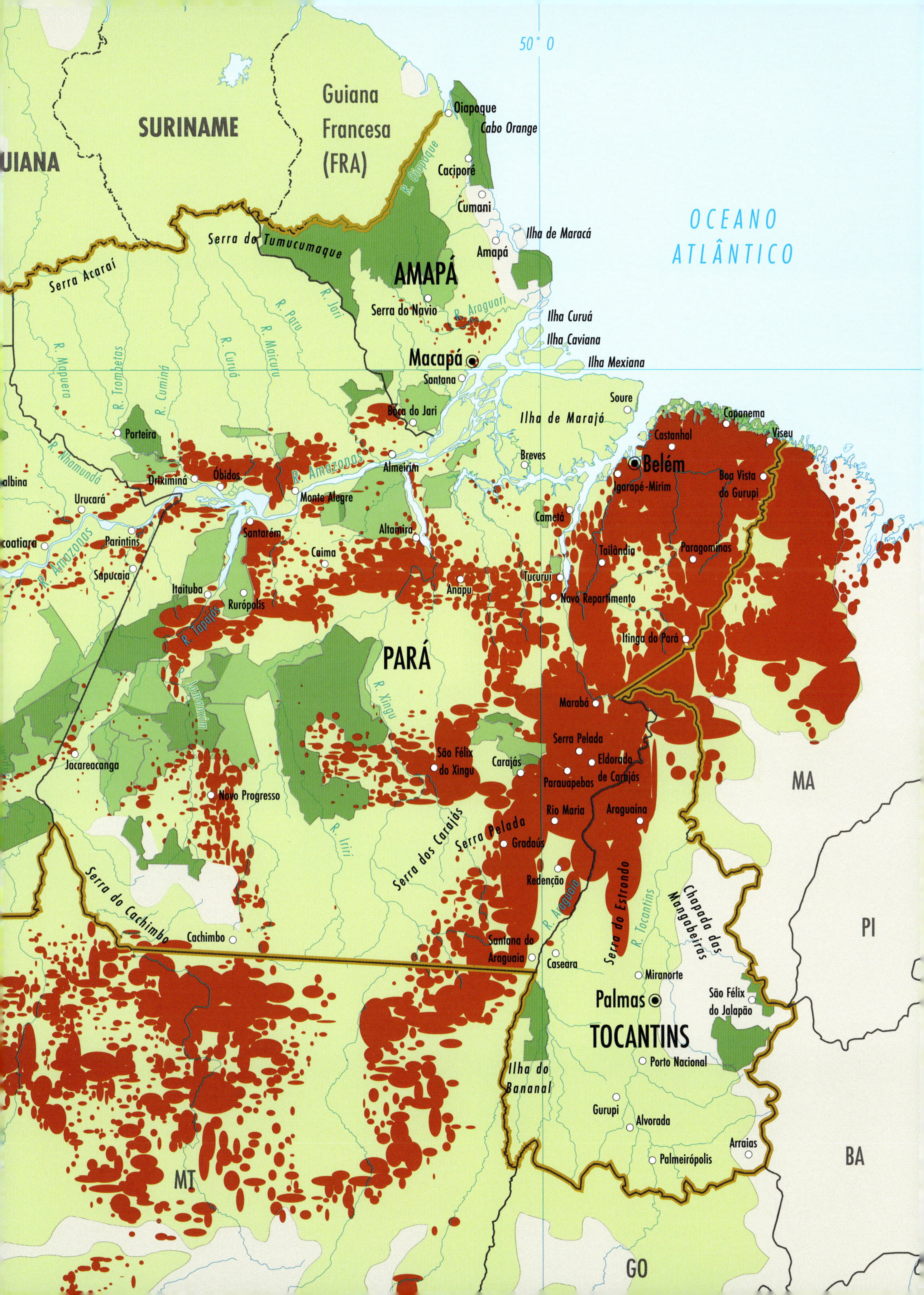

50° 0
OCEANO
ATLÂNTICO
SURINAME
UIANA
Guiana
Francesa
(FRA)
Oiapoque
Cabo Orange
R. Oiapoque
Calçoene
Cunani
Ilha de Maracá
Amapá
AMAPÁ
Serra do Tumucumaque
Serra Acaraí
Serra do Navio
R. Araguari
R. Jari
R. Paru
R. Maicuru
R. Curuá
R. Cuminá
R. Trombetas
R. Mapuera
R. Nhamundá
Ilha Curuá
Ilha Caviana
Ilha Mexiana
Macapá
Santana
Boca do Jari
Ilha de Marajó
Soure
Capanema
Viseu
Castanhal
Belém
Igarapé-Mirim
Boa Vista
do Gurupi
Breves
Almeirim
Porteira
Oriximiná
Óbidos
R. Amazonas
Monte Alegre
Albina
Urucará
Itacoatiara
Parintins
Sapucaia
Santarém
Caima
Altamira
Cametá
Tailândia
Paragominas
Tucuruí
Novo Repartimento
Anapu
Itaituba
Rurópolis
R. Tapajós
PARÁ
Itinga do Pará
R. Jamanxim
R. Xingu
Marabá
Serra Pelada
Eldorado
de Carajás
São Félix
do Xingu
Carajás
Parauapebas
Jacareacanga
Novo Progresso
Rio Maria
Araguaína
MA
Serra Pelada
Gradaús
R. Iriri
Serra dos Carajás
Redenção
R. Araguaia
Serra do Estrondo
R. Tocantins
Chapada das Mangabeiras
Serra do Cachimbo
Cachimbo
Santana do
Araguaia
Caseara
Miranorte
PI
Palmas
São Félix
do Jalapão
TOCANTINS
Ilha do
Bananal
Porto Nacional
Gurupi
Alvorada
Arraias
BA
Palmeirópolis
MT
GO

A sumaúma

No início era escuro e frio. Não havia dia. Era sempre noite.

Uma imensa árvore — **a sumaúma** —, de tronco muito alto e com os galhos cobertos de folhas, cobria tudo, não deixando entrar a luz.

Dois irmãos da aldeia **ticuna**, o menino Ipi e a menina Tetchi, decidiram investigar o assunto. Pensaram muito em qual seria a melhor atitude a tomar, até que tiveram a ideia de atirar uma semente de **açaí** na sumaúma, para ver se ela atravessava a copa da árvore.

A semente passou pela árvore, abrindo uma fresta na folhagem. Através dela, os irmãos conseguiram ver que um **bicho-preguiça** prendia os galhos da sumaúma no céu. Então, pegaram o cesto cheio de sementes de açaí que tinham levado e atiraram uma semente atrás da outra na tentativa de soltar os galhos e abrir espaço para deixar entrar a luz.

As sementes de açaí foram parar no céu e se transformaram em estrelas, mas a luz não entrou pelas folhas da árvore. A escuridão continuava.

Ipi e Tetchi tiveram outra ideia para ver se conseguiam a luz: convocaram todos os animais da floresta para derrubar os galhos da árvore.

Primeiro, reuniram as **aves**: a **arara-vermelha**, o **cardeal**, a **arara-azul**, o **pia-pouco**, o **mutum-cavalo**, o **papagaio** e a **ararajuba**. Depois, chamaram o macaco e o sapo. Em seguida, foi a vez da capivara, da cutia e do maior bicho de todos: a anta. E, por fim, foram atrás dos animais mais temidos: a ariranha, a jiboia e a onça. Até o jacaré foi ajudar.

As aves e os animais menores escalaram a árvore para balançar os galhos. Os bichos mais pesados ficaram no chão para sacudi-la. Todos tentaram diversas vezes, mas nada conseguiram. Nenhum galho se mexeu.

O **pica-pau** ficou um tempão bicando o tronco da sumaúma, mas isso também não adiantou nada.

Ipi e Tetchi se despediram dos bichos e voltaram para a aldeia. Lá, propuseram uma competição: o rapaz que conseguisse atirar **formigas-de-fogo** nos olhos do **bicho-preguiça** se casaria com a irmã mais velha deles — Aucana —, que era muito bonita.

Os rapazes mais altos e mais fortes da aldeia tentaram subir na árvore, mas nenhum deles conseguiu chegar ao topo, onde estava o bicho.

Então, apareceu Taine, um rapaz miúdo. Ninguém imaginava que ele conseguisse escalar aquele tronco tão alto. Mas Taine foi subindo, subindo, subindo, passou do meio do caminho, de onde os outros tinham voltado, e continuou, sempre em frente, até chegar ao topo. Lá no alto, jogou as formigas-de-fogo nos olhos do bicho-preguiça. Ele ficou tão desesperado que soltou os galhos da árvore para se livrar das formigas.

Os galhos baixaram e a luz apareceu, iluminando tudo: a mata, os rios, a aldeia. Todos puderam enxergar as **plantas** e as **frutas** que havia na floresta.

Para comemorar o feito do pequeno Taine, realizou-se uma grande festa, e ele pôde se casar com a bela Aucana.

(*Inspirada em "A samaumeira que escurecia o mundo", coletada por professores ticunas no* Livro das árvores.)

UMA ÁRVORE DE 22 ANDARES!

A sumaúma, ou sumaumeira, é a maior árvore da América Latina; pode atingir 65 m de altura, o tamanho de um prédio de uns 22 andares! As raízes, superficiais, cobrem uma área de 300 m. Sua fibra é a paina (uma espécie de algodão utilizado para encher colchões, travesseiros e coletes salva-vidas e fabricar isolante térmico e acústico para aviões e frigoríficos).

DESCARGA DE ÁGUA

A sumaumeira armazena água em seu enorme tronco. Na época da seca, ela solta essa água para o solo, numa descarga que pode ser ouvida a dezenas de metros.

A sumaúma é a "mãe da floresta". Infelizmente, está em extinção. Existem mais de 100 espécies de sumaúma; a paineira é uma delas.

Sumaumeira.

Papaia.

JARDIM DAS MARAVILHAS

O naturalista alemão Von Martius descreveu as plantas e frutas amazônicas como próprias de um jardim das maravilhas: guaraná, goiaba, amendoim, papaia, castanha-do-pará, banana e diversas raízes, como mandioca, cará e inhame.

TICUNAS

Os ticunas vivem às margens do rio Solimões, no Brasil, na Colômbia e no Peru. No Brasil, há cerca de 46 mil ticunas em mais de 20 Terras Indígenas no noroeste do Amazonas.

O pica-pau tem o bico reto, próprio para bicar troncos de árvore. Quando descobre uma parte oca, sabe que lá existe ninho; então, fura a madeira para apanhar ovos, larvas e insetos.

O pica-pau-cardeal tem a crista alta e vermelha, parecida com o barrete dos cardeais da Igreja católica, por isso ganhou esse nome.

Pica-pau.

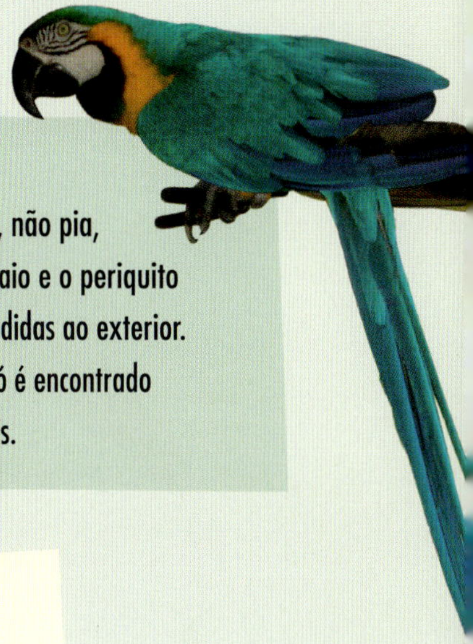

Arara.

AS AVES DA HISTÓRIA

O pia-pouco, ou tucano-de-papo-branco, como o nome diz, não pia, mas "late" como um cachorro. A ararajuba, a arara, o papagaio e o periquito são da mesma família; são aves muito procuradas para ser vendidas ao exterior. O mutum-cavalo é grande e bonito; foi muito caçado, por isso só é encontrado no sul da Amazônia e está sendo criado em parques ambientais.

AI, QUE PREGUIÇA!

O bicho-preguiça, ou preguiça, vive no alto das árvores. Possui 2 ou 3 dedos com garras longas para se agarrar nos troncos. Por causa da cor da sua pele, ele se camufla no meio das árvores e é difícil de ser descoberto. Dorme umas 14 horas por dia e desce apenas uma vez por semana, para fazer as necessidades.

Bicho-preguiça.

FORMIGAS-DE-FOGO

Estas formigas pequeninas têm uma picada doída que dá uma coceira danada. Vivem nas árvores e gostam muito de laranjeiras e limoeiros.

Formigas-de-fogo.

FLORA BRASILEIRA

Karl Friedrich von Martius veio ao Brasil em 1817 na expedição do governo da Áustria e da Baviera. Durante 3 anos, ele coletou milhares de espécies de plantas por todo o país. Sua obra mais conhecida é *Flora brasiliensis*, publicada após sua morte, em 1906. Composta de 15 volumes, com 20 773 páginas e 3811 ilustrações, descreve mais de 8 mil espécies de plantas e continua sendo fonte essencial para o estudo da flora brasileira. Na mesma expedição, veio também Von Spix, que se dedicou à zoologia — o estudo dos animais.

A cor dos pássaros

Há muito tempo, quando o mundo começou, os pássaros eram inteirinhos pretos. Eles viam os outros bichos, que tinham cores diferentes, e desejavam ser como eles. Cada um queria ter sua própria cor, para se diferenciar dos outros.

Um dia, ficaram encantados ao ver uma **sucuri** muito colorida que apareceu no igarapé em que iam beber água. Aos poucos, o **iratauá-grande**, o **colibri**, o cardeal, o tico-tico, o azulão e o uirapuru foram se aproximando daquela cobra de cabeça alaranjada; suas escamas fininhas tinham listras azuis, verdes, amarelas, vermelhas e brancas, com desenhos pretos. Os passarinhos pareciam hipnotizados por todas essas cores.

O tangará, a **araponguinha** e o **canário-do-campo** também se aproximaram. Até que chegaram as araras e os papagaios, que logo tiveram uma ideia: iam pegar as cores da pele da sucuri.

Pulando e cantando, os pássaros foram chegando cada vez mais perto da cobra. Então, veio o **socó-dorminhoco**, com seu bico longo e curvo, pousou numa árvore ao lado da garça e ficou observando.

As aves ficaram a certa distância da sucuri, que estava estendida na beira do rio, fazendo uma das coisas de que ela mais gosta: tomar sol. Então, como se tivessem combinado, todos os pássaros começaram a dançar e foram para cima dela.

Os passarinhos bicaram toda a cara da cobra, e o socó e a garça acabaram com a língua dela. A língua é o ponto fraco da sucuri; ela não resistiu e morreu.

Os bichos começaram a trabalhar imediatamente.

A garça pegou a cor branca e espalhou nas suas penas. O papagaio preferiu o verde; a arara-azul, o azul; e a arara-vermelha, o vermelho. Logo, cada um estava com a cor que tinha escolhido.

O socó pegou um pedacinho bem pequeno de branco, que se misturou com a sua cor preta e originou o cinza. O cardeal esfregou o vermelho na cabeça, o tico-tico-da-amazônia passou branco no corpo e vermelho no bico: ficou preto e branco, com o bico vermelho. Estavam todos na maior alegria.

O **tangará** passou branco no pescoço e vermelho na cabeça, e o iratauá-grande espalhou amarelo onde alcançava: cabeça, peito e pernas. O **azulão** pegou azul muito escuro e o canário-do-campo, o amarelo. Enquanto isso, o **uirapuru** cobria de vermelho o papo e a cabeça.

Depois que estavam coloridos, os pássaros subiram numa **castanheira** e se puseram a cantar. Foi uma algazarra daquelas, todos juntos, saltitando de galho em galho e cantando ao mesmo tempo. Tinham conseguido o que queriam.

Só faltava o socó na castanheira. Quando ele pousou, o galho se quebrou. E todos os outros galhos da árvore se quebraram em seguida. Rapidamente, os passarinhos levantaram voo, cada um tomando um caminho diferente. As aves sabiam que o tempo estava mudando. Estava se armando uma grande ventania, e a noite se aproximava.

O socó e a garça queriam ficar por lá, perto do igarapé, para se alimentar dos peixes, mas acabaram indo procurar uma lagoa dentro da mata, mais protegida, para passar a noite.

Foi quando começou a soprar um vento forte. Muito forte! Como os **oiampi** jamais haviam visto. Os pássaros fugiram para se abrigar. Os indígenas se reuniram nas ocas, e aqueles que tinham visto os pássaros matarem a cobra para roubar suas cores contaram para os outros. E assim a história foi passando de pai para filho, de geração em geração, até hoje.

(*Inspirada na história "O arco-íris e a cor dos pássaros", do livro* Contos ameríndios.)

Irataúá-grande.

UM É BONITO, O OUTRO É CANTOR

O irataúá-grande é um passarinho lindo, de plumagem amarelo-forte e preta. Já o azulão tem um tom muito escuro, quase preto, e canta por 2 minutos seguidos, alternando o tom e o volume das notas.

NÃO É DIFÍCIL ENCONTRAR UM SOCÓ

O socó-dorminhoco lembra um pinguim: peito branco, cabeça e costas pretas. Tem esse nome porque dorme de dia e fica acordado à noite. Vive perto de lagoas e pode ser visto nos grandes parques das cidades.

Socó-dorminhoco.

Canário.

A AMAZÔNIA POSSUI UMA DAS MAIORES DIVERSIDADES DE ESPÉCIES DE PÁSSAROS QUE EXISTEM.

UMA VERDADEIRA ORQUESTRA

O canário é um cantor incansável, que alegra a mata. O tangará também canta ao longo do dia e a araponguinha emite som metálico. Mas todos se calam quando ouvem o uirapuru. Seu canto melodioso dura de 10 a 15 minutos. Ele só canta quando vai acasalar e está construindo o ninho.

A castanheira é a árvore que dá a castanha-do-pará, fruto seco rico em proteínas e nutrientes importantes para a saúde.

FUJA DA SUCURI!

A sucuri é a maior cobra brasileira e uma das maiores do mundo. Carnívora, não é venenosa. Ataca, em geral, quando se sente ameaçada, e seu ataque é fatal. Também é conhecida como sucuriju, boiaçu e anaconda.

Sucuri.

Colibri é o nome indígena do beija-flor.

MIGRAÇÃO PARA O NORTE

Até o século XVII, os povos oiampi (ou wãjapi) viviam às margens do rio Xingu, no sul do Pará. Para escapar da catequização dos jesuítas, migraram, ao longo de dois séculos, para o ponto mais extremo do norte do Brasil, entre os rios Oiapoque, Jari e Amapari, no Amapá, onde vivem até hoje. Na década de 1970, eram apenas 150; hoje, são cerca de 1612 pessoas, que vivem em 49 aldeias.

O COTIDIANO

Os oiampis dedicam-se à agricultura, à caça, à pesca e ao artesanato. Vivem numa terra demarcada, junto a montanhas altas e muitos rios onde há ouro. Eles garimpam o ouro sem usar produtos tóxicos para não contaminar a água e os peixes.

PINTURA CORPORAL: OBRA-PRIMA

A pintura corporal, ou arte gráfica, dos oiampis é um dos bens do Patrimônio Cultural Brasileiro e foi escolhida como Patrimônio da Humanidade pela Unesco (Organização das Nações Unidas para a Educação, a Ciência e a Cultura). Para se pintar, eles usam sementes de urucum, gordura de macaco, suco de jenipapo verde e resina perfumada. Alguns desenhos também são reproduzidos nos cestos de palha que trançam. Os desenhos representam peixes, cobras, pássaros e figuras da floresta.

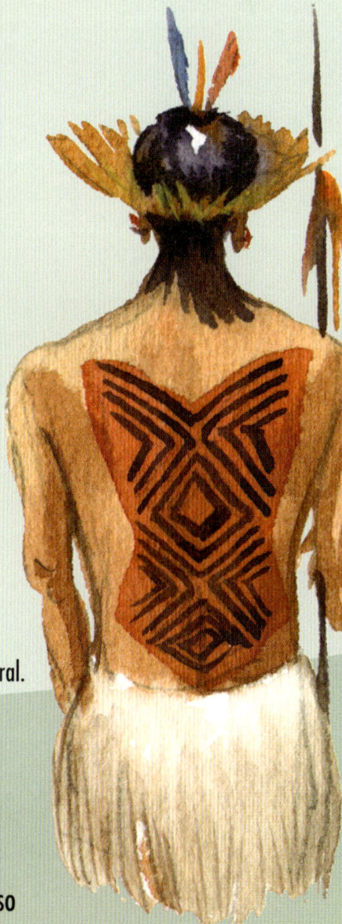

Pintura corporal.

CULTURA QUE SE RENOVA

Na carta que os oiampis enviaram à Unesco em agradecimento ao título recebido, disseram que esse prêmio era o reconhecimento do trabalho feito para fortalecer sua cultura. “Nunca deixaremos nosso modo de vida, nossas festas, nossa pintura corporal, nosso hábito de mudar as aldeias de lugar para não acabar com os recursos naturais. Continuaremos ensinando os filhos e os netos na escola e no dia a dia, contando nossas histórias, fazendo caçadas e caminhadas na mata.”

BIODIVERSIDADE

Floresta amazônica inundada (estação das chuvas).

QUANTA VIDA NA ÁGUA!

Nos rios e igarapés vivem cerca de 3 mil espécies de peixes de todo tipo. O maior peixe de escamas de água doce do mundo, o pirarucu, mede até 8 m. A piraíba, maior peixe de couro de água doce do mundo, chega a medir 3 m e a pesar 200 kg. Com o corpo coberto de placas ósseas, o cascudo parece ter saído do que chamamos de "pré-história". Existem também peixes carnívoros, como a piranha e o poraquê, ou peixe-elétrico. Um cardume de piranhas devora um boi inteiro em minutos.

Piranha.

Biodiversidade é a palavra usada para descrever a riqueza e a variedade do mundo natural, composto de plantas, animais e microrganismos. A diversidade biológica, ou biodiversidade, engloba todas as formas de vida e as inter-relações, ou ecossistemas, nos quais a existência de uma espécie afeta muitas outras. A floresta amazônica é um dos lugares mais importantes e cobiçados que existem porque contém a maior diversidade biológica do planeta: 20% das espécies animais e vegetais conhecidas. Essa diversidade de espécies pode fornecer alimentos, remédios e matéria-prima para diversas indústrias.

Peixe-boi.

NEM SÓ DE PEIXES VIVEM OS RIOS

Diversos animais vivem nos rios, como o jacaré, a tartaruga-do-amazonas (a maior tartaruga de água doce do mundo), a ariranha (a maior lontra do mundo), o boto, o golfinho ou tucuxi e a capivara. Na água também existem cobras. As sucuris medem até 12 m e atingem até 250 kg; enrolam-se na vítima, trituram seus ossos e depois a engolem, começando pela cabeça. O peixe-boi, mamífero aquático que só se alimenta de plantas, é um animal dócil; dizem que ele chora quando está triste. É muito procurado pela carne, pela banha e pelo couro. Chega a pesar 700 kg.

Onça-preta.

ISSO É QUE É BIODIVERSIDADE!

PEIXES: 1800 espécies

ABELHAS: 114 espécies sem ferrão

BORBOLETAS: 1800 espécies

AVES: 1300 espécies

ANFÍBIOS: 163 espécies

MAMÍFEROS: 311 espécies

ARANHAS: 1000 espécies

NA MATA, BICHOS BEM DIFERENTES

No solo, nas árvores ou nos ares, os animais são variados. Não falta onça: tem a pintada, também conhecida como jaguaretê ou jaguar; a onça-preta, ou pantera; e a onça-vermelha, ou suçuarana. A anta, ou tapir, o maior mamífero da Amazônia, não é carnívora como a onça. No alto das árvores vivem o bicho-preguiça e os macacos, que reinam como malabaristas. As aves dão um colorido especial à floresta, com tucano, garça, periquito-estrela, arara, papagaio, gavião-real e muitas outras.

UMA EM CADA 10 ESPÉCIES DO MUNDO VIVE NA AMAZÔNIA.

AMEAÇAS À VIDA

Na Terra, o desaparecimento de algumas espécies e o surgimento de outras é um acontecimento natural e lentíssimo, num processo que leva de milhares a milhões de anos. No entanto, atualmente está acontecendo um acelerado processo de extinção de plantas e animais que é causado pelo ser humano. O desmatamento, as queimadas, a caça, a degradação dos ambientes naturais pelo crescimento das cidades, pela poluição, pelas atividades extrativistas, industriais e agropecuárias, tudo isso ameaça a vida da flora e da fauna de uma região.

É O MAIOR!

- BACIA AMAZÔNICA: formada pelo rio Amazonas e seus 7 mil afluentes, ocupa mais de 7 milhões de km^2.
- FLORESTA AMAZÔNICA: com mais de 6 milhões de km^2, é maior que a Europa ocidental.
- MARAJÓ: a maior ilha fluviomarítima do mundo.
- MARIUÁ: o maior arquipélago fluvial do mundo, no rio Negro, possui mais de 1400 ilhas.
- ANIMAIS: a fauna mais rica do mundo. Numa só árvore foram identificadas 72 espécies de formigas diferentes.
- PLANTAS: 30 mil espécies.
- MUITO A DESCOBRIR: a cada ano são registradas diversas novas espécies.

Borboleta-azul.

Área desmatada: fazenda de gado em Rondônia.

FAZENDEIROS

Depois que uma área da floresta é desmatada, ela é ocupada por fazendeiros, que a utilizam como pasto e para o plantio de cultivos como soja e milho.

A conversão da floresta em uma área de agropecuária provoca uma série de impactos ambientais, como perda da biodiversidade, erosão do solo, contaminação da água e aumento da emissão de gases de efeito estufa. Além disso, a expansão da agropecuária na Amazônia costuma acarretar conflitos fundiários e deslocamento de comunidades tradicionais.

Aranha-caranguejeira.

TERRA DE GIGANTES

A folha de uma árvore, a *Poligonacea coccoloba*, é maior que um homem (2,5 m de altura e 1 m de largura), e há aranhas-caranguejeiras maiores que um celular.

GRILEIROS E MADEIREIROS

A abertura de estradas na Amazônia facilita a entrada de grileiros, madeireiros ilegais e fazendeiros, favorecendo o desmatamento. Os grileiros se apropriam irregularmente de terras públicas, muitas vezes, utilizando documentos falsos para, mais tarde, lucrar com a venda. Já os madeireiros ilegais exploram espécies de alto valor comercial. Algumas das árvores usadas para fazer móveis, como cedro, jequitibá, mogno, louro e jacarandá, têm mais de 1400 anos. Para obter apenas 1 m^3 de madeira devem ser destruídas 28 árvores! Tanto o trabalho dos grileiros como o da maioria dos madeireiros é proibido. Mais de 80% das árvores são cortadas ilegalmente — essas árvores não nascerão mais, a menos que outras sejam plantadas.

MADEIREIRO É A PESSOA QUE RETIRA MADEIRA DAS MATAS PARA VENDER.

Área desmatada: corte ilegal de árvores no sul da Amazônia.

NOVAS ESPÉCIES

Enquanto alguns animais estão em processo de extinção, como arara-azul, ariranha, gavião, lobo-guará, onça-pintada, papagaio, pica-pau, tamanduá-bandeira e tatu-canastra, a cada ano novas espécies são descobertas.

Entre 2014 e 2015 foram descobertas 381 espécies de plantas e animais. São 216 plantas, 93 peixes, 32 anfíbios, 19 répteis, 1 ave e 20 mamíferos que existiam na floresta, mas ninguém conhecia.

Lobo-guará.

VOCÊ SABIA QUE A CADA 3 DIAS UMA NOVA ESPÉCIE É DESCOBERTA NA AMAZÔNIA?

TRÁFICO DE ANIMAIS

Segundo pesquisa realizada pela Agência dos Estados Unidos para o Desenvolvimento Internacional e pelas ONGs Traffic e União Internacional para Conservação da Natureza, a cada ano são retirados das matas brasileiras mais de 38 milhões de animais para serem vendidos. Apesar de proibido, o tráfico de animais silvestres é o terceiro maior negócio ilegal do mundo (em primeiro e segundo lugar estão o tráfico de drogas e o de armas). Os bichos brasileiros são comprados por colecionadores, pesquisadores, lojas de animais, zoológicos e circos. O papagaio é a ave mais vendida.

EXISTE CADA NOME DE PÁSSARO!

Cabeça-de-velha
Freirinha-de-coroa-castanha
Limpa-folha-de-bico-virado
Maria-cabeçuda
Papa-formiga
Pica-pau-anão-ferrugem

Papa-formiga.

RIO SUBTERRÂNEO É DESCOBERTO EMBAIXO DO AMAZONAS

Em 2011, cientistas do Observatório Nacional descobriram um rio subterrâneo 4 km abaixo do rio Amazonas. Ele tem 6 mil km e foi batizado como rio Hanza, em homenagem ao seu descobridor.

O jabuti e o veado

— O que você está fazendo, amigo? — perguntou o **jabuti** ao encontrar o veado.

— Estou procurando comida — respondeu o **veado**. — E você?

— Vou atrás de **água** para beber.

— Quando o amigo acha que vai chegar ao lugar em que está a água? — perguntou o veado.

— Por que me pergunta isso? — estranhou o jabuti.

— Porque suas pernas são muito curtas.

— É verdade — concordou o jabuti —, mas posso correr mais que você.

— Você acha? — perguntou o veado. — Então vamos apostar uma corrida.

— Combinado — respondeu o jabuti.

— Amanhã bem cedinho, aqui mesmo — disse o veado.

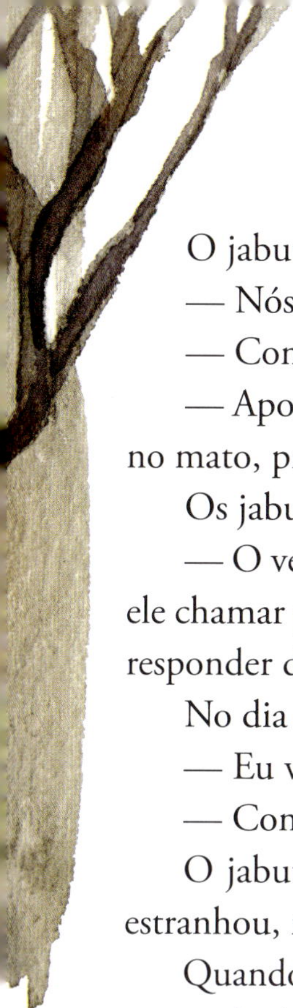

O jabuti foi para a **mata** e reuniu todos os jabutis.

— Nós vamos acabar com o veado.

— Como?! — perguntaram os outros.

— Apostei uma corrida com ele. E vou enganá-lo. Para isso, quero que vocês se escondam no mato, próximos uns dos outros. Devem ficar cada um no seu lugar, bem quietos.

Os jabutis ouviam as instruções, atentos.

— O veado vai correr no campo, enquanto eu vou ficar sossegado, no meu lugar. Quando ele chamar por mim, quem estiver na frente dele deve responder; quem estiver atrás não pode responder de jeito nenhum.

No dia seguinte, o jabuti e o veado se encontraram.

— Eu vou correr pelo mato — disse o jabuti.

— Como é que você, com pernas tão curtinhas, vai conseguir correr no mato?

O jabuti insistiu que estava habituado ao mato e não podia correr no campo. O veado estranhou, mas acabou concordando.

Quando a corrida começou, o veado saiu andando devagar. Depois de percorrer uma pequena distância, ele chamou:

— Jabuti! Ô jabuti!

O veado ouviu um jabuti responder, um pouco à frente dele:

— Ô veado!

"Não é que aquele jabuti corre mesmo?", espantou-se o veado. E decidiu andar depressa. Passado um tempo, voltou a chamar. Imediatamente, outro jabuti respondeu, adiante dele.

"Como assim?!", exclamou o veado. E saiu correndo. Passados alguns minutos, imaginando que tinha ultrapassado o jabuti, chamou por ele.

A resposta veio da floresta, mais à frente.

O veado começou a se assustar. Saiu correndo a toda a velocidade até que, julgando estar bem distante do jabuti, parou e chamou. A resposta, mais uma vez, veio adiante dele. Então, o veado deu tudo de si. Redobrou a velocidade e correu muito. Quando estava bastante cansado, parou e chamou:

— Jabuti! Ô jabuti!

Ao ouvir a resposta, ficou desorientado. Trôpego e sem fôlego, saiu correndo meio às cegas. Atordoado como estava, deu de encontro numa árvore e caiu morto.

O jabuti vinha andando pela mata. Apurou o ouvido e não escutou os passos do veado. Esperou mais um pouco. Silêncio! Decidiu chamar por ele. Nenhuma resposta. O jabuti saiu do mato e encontrou o veado caído no chão. Aproximou-se e viu que ele estava morto.

Então, o jabuti reuniu todos os seus amigos e comemorou a vitória.

(*Inspirada em "Como o jabuti venceu o veado na carreira", história coletada por Charles Frederik Hartt em* Mitos amazônicos da tartaruga.)

Jabuti.

O jabuti é um bicho comum na Amazônia; sua carne é bastante apreciada pelos povos originários. Ele é o único animal da ordem dos quelônios que vive exclusivamente na terra. A fêmea se chama jabota.

SÍMBOLO DE ESPERTEZA

Em muitas histórias indígenas e africanas, o jabuti encarna a astúcia, a perseverança e a malícia. Ele representa o mesmo papel que a raposa tem nas fábulas europeias.

O tracajá e a muçuã estão entre os pratos prediletos dos descendentes de indígenas e europeus.

GANHANDO DINHEIRO

A criação de tartarugas, como o tracajá e a tartaruga-da-amazônia, constitui uma fonte de renda que vem aumentando, em especial no Pará. As tartarugas são vendidas vivas, porque valem mais.

TRACAJÁ E MUÇUÃ

O tracajá e a muçuã são tartarugas de água doce. O tracajá pode ser encontrado livre no alto Xingu e em áreas de proteção no Amapá. A muçuã é a menor tartaruga brasileira (15-27 cm).

Tracajá.

O cervo-do-pantanal vivia do sul da Amazônia até Goiás e Mato Grosso do Sul. Está em extinção por causa da caça ilegal, da construção de hidrelétricas e de doenças de animais domésticos. Atualmente, é encontrado praticamente só no Pantanal e na ilha do Bananal.

Veado-vermelho.

No Brasil, existem vários tipos de veado: campeiro, catingueiro, vermelho, branco, pardo, negro, do campo, galheiro, do mangue etc. Só o macho tem chifres.

OS ALAGADOS

Ao longo dos rios ficam as **matas de igapó** (alagadas a maior parte do ano), com árvores baixas (até 20 m), cipós e plantas aquáticas. As **matas de várzeas** estão em terreno um pouco mais elevado e sofrem menos inundações. Suas árvores têm copas menores, como o açaizeiro (palmeira do açaí), e medem entre 25 e 30 m.

Na cheia, o rio Negro ocupa as margens, e as árvores ficam no meio da água.

No Amapá, campo de terra firme com arbustos, árvores altas e palmeiras.

MATAS E CAMPOS

Na Amazônia, existem matas e campos. Nas partes mais altas, chamadas platôs, fica a **mata de terra firme**, com árvores de médio e grande porte (30-50 m), arbustos e ervas. Nas depressões, conhecidas como **terras baixas**, vivem árvores gigantescas como a sumaúma (veja p. 12), a castanheira e a seringueira. Suas copas enormes formam um ambiente fechado e muito úmido, pois a luz do sol quase não penetra por elas. Nos **campos de terra firme**, há vegetação rasteira, árvores e arbustos espaçados.

A chegada do regatão

Já fazia uma semana que Roberta esperava com a maior ansiedade a chegada do **regatão**. Para quem, como ela, morava na beira do igarapé Matapá, a vinda dele era uma festa.

Ele trazia tudo aquilo de que os **ribeirinhos** precisavam. Mantimentos, doces, fósforos, fogareiro, tecidos, botões, fitas e agulhas. Era desses itens que a menina gostava mais, pois era muito habilidosa. Com um pedaço de pano nas mãos, fazia saia, blusa ou vestido.

Alexandre também contava os minutos para a chegada do barco; queria trocar as cordas do violão. Maria e Paulo, os pais dos meninos, tinham suas necessidades: ela queria xampu e sabonete; ele, ferramentas. Quer dizer, precisar, eles precisavam de muita coisa, mas poder comprar já era outra história.

O pai de Paulo era seringueiro, e o filho aprendeu o ofício ainda menino. Quando ele e os irmãos já eram rapazinhos, junto com o pai, reuniram dinheiro para comprar três cabeças de gado. Era pouco, mas era uma forma de começar o negócio. Logo teriam leite para vender. Vender, não; trocar. Nos lugarejos em que a estrada é o rio, a população é pequena e não há forma rápida de escoar a produção, o dinheiro é coisa rara. A moeda corrente é a troca.

Paulo então se casou com Maria, e eles tiveram os dois filhos. Juntos, continuaram a batalhar. Vontade e disposição eles tinham, mas as coisas não iam bem — naquelas paragens era difícil um negócio se desenvolver. A única distração de Paulo era o violão. Ele tocava desde menino, e Alexandre herdara do pai o instrumento e o gosto pela música.

Em **Chaves**, a música era a principal diversão. Quando havia festa no povoado, os músicos tocavam para o povo dançar.

Roberta e Alexandre não sabiam quando exatamente o regatão chegaria. Mas, como um amigo que morava num povoado vizinho estivera na casa deles contando que o regatão acabara de passar por lá, sabiam que ele apareceria a qualquer momento.

No dia seguinte, os irmãos pularam da rede cedinho, pois tinham certeza de que o regatão estava para chegar. Foram se lavar, engoliram um café rápido e ficaram na beira do rio à espera. Ao ouvir o barulho do motor, começaram a pular de alegria.

Maurício — o regatão, dono do barco e da lojinha — veio com Pedro, seu ajudante, e Nicolau, o cozinheiro. Ele desceu do barco, foi à casa de Paulo e sentou-se à mesa da cozinha. Maria serviu-lhe um cafezinho, e o regatão perguntou como iam as coisas. Paulo disse que o negócio estava muito parado: ninguém tinha dinheiro.

— Isso está me afetando — disse Maurício. — Eu compro as mercadorias fiado, para pagar na volta da viagem, e vendo uma parte também fiado, para receber na viagem seguinte. Mas agora o pessoal não está pagando as dívidas antigas.

— Este ano foi duro... — foi a resposta de Paulo.

Enquanto essa conversa se desenrolava na mesa da cozinha, Roberta e Alexandre estavam no fundo do barco com Pedro, olhando o estoque. Os meninos estavam maravilhados com as mercadorias, as embalagens coloridas, toda aquela fartura... Roberta pegava os tecidos e os enrolava no corpo, para ver o que poderia fazer com cada um. Eram todos lindos, não sabia qual escolher...

Finalmente, a conversa na cozinha terminou. Maurício chamou Pedro, pedindo que ele trouxesse a lista dos produtos.

Todos se reuniram em volta da mesa.

Pedro começou a ler a relação do que traziam e o preço de cada item. O rosto de Maria e Paulo ficava vermelho cada vez que ouviam o valor de um produto. Os meninos escutavam em silêncio, com a respiração suspensa.

Quando Pedro terminou, Maurício perguntou:

— Então, o que vão querer?

— Temos dez quilos de açaí, interessa? — propôs Maria.

— Eu fico com o açaí.

— Temos também duas peças de couro de boi — disse Paulo.

— Fico com elas.

— Vamos ver o que podemos pegar nesse valor — continuou Paulo.

— Do que você precisa? — disse o regatão.

— De dois quilos de feijão, cinco quilos de arroz, um quilo de charque, uma lata de óleo, um pacote de biscoito.

— E um litro de querosene, fósforos e xampu — completou Maria.

— Eu trouxe aquela ferramenta que você encomendou. Vamos ver quanto dá com ela — disse Paulo.

Feita a conta, o valor era maior do que o dos produtos que tinham para trocar.

Alexandre já estava com o encordoamento do violão nas mãos e Roberta olhava para a caixa com os tecidos que estava na proa do barco.

— E as cordas para o violão, pai? — perguntou o garoto.

Paulo não respondeu. Depois de um tempo, disse:

— Devolvo o pacote de biscoito e fico com as cordas do violão.

Roberta aproximou-se da mãe.

— E o pano para eu fazer o vestido, mãe?

— Desta vez não vai dar, minha filha.

— Mas vai levar muito tempo para seu Maurício passar de novo aqui! Vou ficar todo esse tempo com o mesmo vestido?!

— Os meses passam rápido, Roberta.

— Mas para mim é muito tempo! — disse ela, com lágrimas nos olhos.

— Enquanto isso, vou reformar dois vestidos que não uso para você.

O regatão foi até o barco e voltou com uma coisa nas mãos.

— Menina — disse ele a Roberta —, vou lhe emprestar um livro que ganhei de um amigo do meu pai quando tinha a sua idade. É de uma moça que conta histórias todas as noites para um rei muito poderoso. Chama-se *As mil e uma noites*.

Roberta olhou surpresa para o regatão. Esticou as mãos para receber o livro e agradeceu.

— Cuide bem dele. Quando eu voltar, você me devolve.

A menina consentiu com a cabeça.

— Eu também quero ler! — disse Alexandre.

— Só depois que eu terminar.

—Tá bom, sua chata!

E, enquanto Roberta e Alexandre se entretinham com o livro, Maria e Paulo pensavam como poderiam pagar a dívida com o regatão.

O REGATÃO

Regatão é o comerciante que leva as mercadorias de barco a cidades ribeirinhas que não têm comércio. O barco do regatão é como uma grande loja, onde se encontra de tudo: botijão de gás, comida em lata, mantimentos, pratos, talheres e todo tipo de utensílio para casa, pilhas, ferramentas, xampu, sabonete, tecidos, roupas e calculadoras. Os ribeirinhos costumam pagar com peixe, jacaré, madeira, açaí etc. Na época da safra do açaí, eles chegam a encomendar televisão, geladeira e até antena parabólica a esses comerciantes.

"REGATAR" (VENDER A VAREJO) ORIGINOU AS PALAVRAS "REGATÃO" E "REGATEAR" (PECHINCHAR).

À MODA ANTIGA

Antigamente, em quase toda a Amazônia, o comércio era feito à base de troca, com os regatões. Atualmente, a atividade do regatão é feita em cidades como Chaves, na ilha de Marajó, que está a 72 horas de barco de Belém, nas ilhas da costa do Amapá e na Terra do Meio.

Jacaré.

Casa de palafita na baía de Caxiuanã, alargamento do rio Anapu, a 300 km de Belém.

OS INTERMEDIÁRIOS

O ribeirinho lida com três tipos de intermediários. O marreteiro é o comerciante que compra os produtos dele por um preço baixo para vender muito mais caro na cidade. O patrão é o funcionário de uma empresa, de um frigorífico, por exemplo, que compra peixe em troca de cesta básica. Em geral, o ribeirinho fica devendo ao patrão. O regatão costuma vender os produtos cerca de três vezes mais caro do que custam na capital. Quando a população descendente de indígenas e europeus vende o seu produto, ela ganha menos; quando compra o que precisa, paga mais.

MODO DE VIDA

Os ribeirinhos moram em casas de palafitas, isto é, em casas elevadas por estacas, para se proteger contra a enchente do rio. Vivem da pesca (de peixes e jacaré), dos produtos que coletam na floresta (frutos, palmito e madeira), do artesanato e da roça que plantam (em especial mandioca, usada para fazer farinha, que, junto com os peixes, é um dos principais alimentos). Para tratar doenças, utilizam ervas da floresta e fazem rezas.

O RIBEIRINHO

Ribeirinho é quem mora em ilhas, à beira de rios e lagoas. Há milhares de ribeirinhos na Amazônia que vivem em comunidades de 100 a 2 mil habitantes. Em geral, as populações ribeirinhas são muito pobres.

Contar e ouvir histórias e casos faz parte do cotidiano da população descendente de indígenas e europeus.

THIAGO DE MELLO (1926-2022) é um dos maiores poetas brasileiros. Nasceu no Amazonas, na pequena cidade de Barreirinha (que tem cerca de 5 mil habitantes), na margem direita do Paraná do Ramos. Aos 21 anos, escreveu seu primeiro livro de poesias. Publicou muitos livros, no Brasil e no exterior. Seus temas são a liberdade, a justiça e a floresta. Depois de morar em Manaus, no Rio de Janeiro, no Chile e na Alemanha, voltou para Barreirinha, que fica a 20 horas de barco de Manaus. Vivia numa casa de palafitas, à beira do rio, feita a partir do projeto do arquiteto Lúcio Costa (1902-98).

Barco levando crianças para a escola. O barco é o principal transporte dos ribeirinhos.

Ainda não perdi a esperança
na convivência humana solidária.
Tenho uma canoa que se chama Liberdade,
os braços estão prontos, as águas já me conhecem.
É só remar.

(Versos do poeta Thiago de Mello, do livro *Num campo de margaridas*.)

"PARANÁ" É "RIO CAUDALOSO", EM TUPI.

"CATADORES DA FLORESTA"

Uma atividade que vem se desenvolvendo é a coleta de produtos da floresta preservando o meio ambiente. Os ribeirinhos que se dedicam a isso são chamados de "catadores da floresta". Os produtos são usados no artesanato e nas indústrias de remédios e cosméticos.

REIVINDICAÇÕES

Os ribeirinhos reivindicam melhores escolas e postos de saúde. Muitas escolas têm apenas uma professora para os alunos do 1º ao 5º ano e é comum os pais das crianças terem de comprar óleo diesel para abastecer o gerador que leva luz elétrica à escola.

O BEIRADEIRO

Quem vive junto aos rios da Terra do Meio, uma região com 7,6 milhões de hectares de floresta, no sudeste do Pará, entre o Xingu e o Tapajós, se denomina beiradeiro, porque vive no "beiradão" dos rios. O transporte de doentes é difícil — alguns povoados ficam a mais de quatro dias de viagem de barco de Altamira, a cidade mais próxima. Por isso, muita gente da região morre de pneumonia, malária e até de diarreia. Na Terra do Meio, praticamente não há escolas; grande parte das pessoas é analfabeta.

Rádio.

A IMPORTÂNCIA DO RÁDIO

O rádio é um importante veículo de comunicação. O programa "Alô, Alô Amazônia", criado na década de 1950 pela Rádio Macapá, vai ao ar até hoje. Funciona como elo entre os moradores nas ilhas da costa do Amapá e dos municípios de Breves e Chaves, na ilha de Marajó, com os de Macapá. Pelo rádio, as pessoas mandam recados a parentes e amigos.

Folhas de goiabeira.

OS "REMÉDIOS" DA FLORESTA

Castanha-do-pará.

A floresta amazônica é uma mina preciosa, onde se encontra uma enorme variedade animal e vegetal. Ao lado de árvores majestosas, como a seringueira, e com frutos especiais, como a castanha-do-pará, estão as plantas e as ervas medicinais, que despertam a atenção do mundo.

É grande o interesse da indústria farmacêutica na floresta. Há diversos pequenos projetos sendo desenvolvidos nas comunidades amazônicas que empregam a população local na coleta, no plantio e na venda de ervas medicinais.

Das 30 mil espécies existentes, mais de 2000 são identificadas como de utilidade na alimentação e na medicina; muitas delas são bastante conhecidas tanto no Brasil como no exterior. Elas podem ser usadas em remédios, aromas e cosméticos (sabonetes, xampus, cremes), repelentes, inseticidas, complementos alimentares, corantes e fibras.

Castanhas-do-pará com casca.

CONHECIMENTO E USO

A floresta é a farmácia dos amazônicos que vivem distantes das cidades, junto aos rios, nas reservas indígenas ou nos seringais. Os seringueiros e os ribeirinhos criaram uma identificação própria para as plantas, com base no gosto, no cheiro, na cor, na consistência e em suas características gerais. Depois dessa classificação — por exemplo, o jambu amortece a língua, a quina-quina é amarga, entre outras características —, é estabelecido seu uso medicinal.

As plantas com cheiro contêm óleos essenciais, a partir dos quais são feitos os remédios. As partes mais suculentas são usadas como emplastro. As folhas de goiabeira, cajueiro e castanheira, por exemplo, possuem taninos, indicados contra diarreia. O látex é usado em feridas e inflamações da pele e nos dentes, para aliviar a dor. Da árvore amapá extrai-se um látex medicinal, o "leite do amapá", que fortalece os pulmões.

Chegada dos barcos trazendo produtos amazônicos ao Mercado Ver-o-Peso, em Belém, às margens da baía do Guajará.

EXPERIÊNCIA COMPARTILHADA

Na segunda metade do século XIX, pessoas de vários estados brasileiros, especialmente do Nordeste, em razão da seca e dos problemas econômicos ocorridos na região, foram para o Acre, Amazonas, Rondônia e Pará, para extrair o látex das seringueiras. Nessa época, a borracha era o principal produto de exportação do Brasil.

Mas, com o fim do ciclo da borracha, no início do século XX, houve muito desemprego. Alguns voltaram para seus estados de origem, outros tentaram novas ocupações. Poucos se mantiveram nos seringais. Os que vivem lá até hoje somaram o aprendizado das plantas que receberam dos povos originários com o conhecimento que trouxeram das regiões onde nasceram. Os que partiram difundiram a cultura das ervas medicinais no Nordeste.

Para ter plantas medicinais sempre à mão, as pessoas que vivem à beira dos rios, nos seringais ou nas reservas de extração de produtos da floresta costumam plantar árvores de cajá, castanha-do-pará, cedro, araticum, murumuru e oricuri perto de casa.

As garrafadas — infusões de ervas — são produtos típicos de todo o Norte. No Mercado Ver-o-Peso, em Belém, há um grande setor de ervas medicinais e garrafadas.

O Mercado Ver-o-Peso é um dos mais importantes centros comerciais da região Norte. Ele é considerado um patrimônio histórico nacional.

Garrafadas.

Trabalhador extraindo óleo do tronco da copaíba.

MÚLTIPLAS UTILIDADES

Na reserva extrativista Chico Mendes, no Acre, os moradores catalogaram mais de 40 espécies indicadas para tratar doenças do sistema respiratório (como tosse, gripe, resfriado, asma e bronquite), 30 para problemas de pele e o mesmo número para febre, dor de cabeça e distúrbios digestivos. Há plantas usadas como antibiótico e anticoncepcional (copaíba), depurativo de sangue (batata-de-purga), anestésico (joão-brandim) e calmante (cidreira); para desidratação (cipó-unha-de-gato), picada de cobra (surucuína), malária (quina-quina) e epilepsia (milindro).

Muitas árvores, como a copaíba e a andiroba, têm várias utilidades. O óleo de copaíba é conhecido como o "antibiótico da mata", usado para tratar de ferimentos graves e inflamações. Da andiroba também se retira óleo, usado na fabricação de combustível e sabão; sua madeira é valiosa e da sua casca se faz chá contra febre e vermes.

Especialistas dizem que um quarto dos remédios industrializados provém das plantas tropicais. Há muito a pesquisar e a descobrir, pois menos de 1% das espécies tropicais foi estudada.

Boldo, planta medicinal usada em chás, remédios e florais.

Andiroba.

PRODUÇÃO DE ERVAS E ÓLEO MEDICINAL E COSMÉTICO

Espalhados pela Amazônia, diversos grupos trabalham na produção de ervas medicinais, como o Grupo Conquista de Ervas Medicinais (GCEM), de Santarém, no Pará. Com o apoio da Igreja católica, o grupo cultiva mais de 100 espécies de ervas medicinais voltadas ao tratamento da saúde de forma natural, e realiza oficinas de remédios caseiros.

Em Manaquiri, próximo à capital do estado do Amazonas, Manaus, um projeto do Instituto Nacional de Pesquisas da Amazônia (Inpa) estimula a plantação de andiroba, castanha-do-pará e sapucaia, bem como a extração e a estocagem do seu óleo. O óleo produzido é analisado, para garantir a qualidade, e depois vendido para a prefeitura local, que o revende para outras cidades.

O fruto da andiroba é medicinal. Com as suas sementes se faz óleo para feridas, dores musculares etc.; a casca é usada em chás contra febre, vermes, tosse e reumatismo.

Cutia.

OS BICHOS SE CUIDAM

Na floresta amazônica, os animais herbívoros se alimentam de plantas muitas vezes tóxicas. O remédio contra a ingestão dessas toxinas é a argila — o barro —, e eles sabem disso. Nos locais da floresta em que existe barro, reúnem-se veados, cutias, capivaras, macacos e aves de todos os tipos, dos passarinhos às araras e aos tucanos. Mesmo os animais que vivem no alto das árvores descem ao chão quando precisam se "desintoxicar", isto é, eles vêm comer um pouco de argila para compensar as toxinas das plantas. Esses bichos não precisam de médico.

Macunaíma e o monte Roraima

No extremo norte do Brasil, em **Roraima**, vive o povo **macuxi**. Eles fazem parte da nação caribe, que habita essa região e a Guiana, a Venezuela e os países do Caribe, na América Central.

Numa aldeia na fronteira do Brasil com a Guiana, viviam **Macunaíma** e seus quatro irmãos: Maanape, Jiguê, Wakalambe e Anzikílan. Eles passavam momentos difíceis. Havia pouca comida, e eles só encontravam frutos muito ruins para comer.

Um dia, Akúli, um dos rapazes da aldeia, achou no meio da mata uma árvore chamada Wazaká, carregada de todas as frutas boas que existem.

Todos os dias, ele ia até a árvore, comia à vontade e voltava para a aldeia satisfeito. Mas não contava nada para ninguém.

Macunaíma, que era muito observador, percebeu que Akúli tinha mudado. Estava bem-disposto e sossegado, muito diferente do restante do povo, que nem conseguia dormir de tanto que a barriga roncava de fome.

À noite, quando todos dormiam, Macunaíma abriu a boca de Akúli para ver o que ele tinha comido — e encontrou um pedacinho de banana. No dia seguinte, Macunaíma mandou Maanape, seu irmão mais velho, ir atrás de Akúli para descobrir de onde vinha a comida. Mas Akúli percebeu que estava sendo seguido e despistou Maanape.

No outro dia, Macunaíma mandou Maanape seguir de novo Akúli. Dessa vez, Akúli foi até a árvore, e o irmão de Macunaíma descobriu o segredo dele.

Maanape ficou maluco ao ver aquela imensa árvore carregada de tudo o que era bom: banana, caju, açaí, mamão, abacaxi e até milho! Comeu muito e encheu um cesto para levar aos irmãos.

Todos eles comeram um bocado! Ficaram contentes e de barriga cheia, e só queriam uma rede para descansar. Mas Macunaíma, que era o mais maldoso de todos, não se deu por satisfeito: pôs na cabeça que tinha de derrubar a árvore.

— Não faça isso, Macunaíma! — disse Wakalambe.

— Essa árvore é tão boa que nem é preciso subir nela para pegar as frutas — disse Jiguê.

— É só chegar e catar do chão — completou Maanape.

— E tem tudo de bom: caju para tirar a sede, banana e milho para matar a fome, abacaxi para refrescar… — concluiu Anzikílan.

Mas não houve jeito de fazer Macunaína mudar de ideia; ele executou o seu capricho. Rápido, pegou o machado e, antes que os irmãos o segurassem, golpeou a árvore.

O tronco derrubado era tão alto que, ao cair, transformou-se numa montanha — o monte Roraima. Como estavam perto da fronteira, o tronco caiu dentro do Brasil e os galhos carregados de frutas atravessaram a fronteira indo parar na Guiana.

E é assim que os indígenas e os descendentes de indígenas e europeus explicam a diferença que existe entre as terras férteis da floresta da Guiana e o solo seco da mata de Roraima.

(*Inspirada na tradição oral e em relato de Maiuluaípu a Theodor Koch-Grünberg em* Makunaíma e Jurupari: cosmogonias ameríndias.)

"Roraima" origina-se das palavras da língua caribe "roroi" ("verde-azulado") e "ma" ("grande"). Vistas de longe, as montanhas altas parecem verde-azuladas.

Parque Nacional do monte Roraima (vista aérea).

MONTE RORAIMA

Na fronteira do Brasil com a Guiana e a Venezuela existem montanhas formadas há bilhões de anos. A serra do Pacaraima, onde fica o monte Roraima, é uma das mais altas do Brasil. Os macuxis, arecunas, acavis, taulipangues, caribés e ingaricós acreditam que lá vive Macunaíma, o responsável pela formação da montanha.

A LUTA PELA TERRA

Dezenove mil macuxis vivem nos vales ao pé das montanhas, no norte de Roraima. Dedicam-se à agricultura, à criação de gado e à cerâmica. A maioria deles vive na Terra Indígena Raposa Serra do Sol e na Terra Indígena São Marcos, que apesar de demarcadas ainda são invadidas por agricultores, garimpeiros e grileiros. Suas aldeias têm água encanada, luz por gerador, escola, telefone e televisão. Na escola, as crianças aprendem a sua língua (caribe), o português e o inglês.

PARQUE NACIONAL

Para proteger um dos locais mais antigos do planeta, em 1989 foi criado o Parque Nacional do Monte Roraima, área de grande biodiversidade: ele tem serras, cristais, lagos, rios e uma floresta com rica flora e fauna.

O sul de Roraima só começou a ser ocupado a partir de 1977, quando foi inaugurada a estrada Manaus-Boa Vista, que tem 715 km de extensão e atravessa 9 rios e 734 igarapés.

O HERÓI BRASILEIRO

Mário de Andrade escreveu, em 1928, *Macunaíma, o herói sem nenhum caráter* – uma das obras mais importantes da literatura brasileira.

HERÓI...

Macunaíma é o mito criador de alguns povos originários (taulipangues, arecunas, macuxis) que vivem entre Brasil, Venezuela e Guiana.

... OU ANTI-HERÓI?

A personagem de Mário de Andrade é o herói simbólico da nacionalidade: tem traços indígenas, africanos, portugueses e brasileiros. Macunaíma é um herói de personalidade muito variada. Tem corpo de adulto e cabeça de criança; é lógico e ilógico, preguiçoso e astuto.

Representação de um Ianomâmi.

Em Roraima vivem 13 etnias indígenas diferentes, entre elas a dos ianomâmis, tão antiga quanto a dos incas, do Peru (10 mil anos).

UMA HISTÓRIA ANTIGA

Entre 1899 e 1924, o etnógrafo alemão Theodor Koch-Grünberg esteve no Brasil várias vezes. Em 1905, viajando pelos rios Negro e Uaupés, recolheu histórias de diversos povos indígenas, que publicou na Alemanha, numa obra em 5 volumes chamada *Do Roraima ao Orinoco*. Mário de Andrade usou muitas dessas narrativas em *Macunaíma* e foi acusado de plágio; ele respondeu que não só havia copiado os etnógrafos, mas que também tinha usado frases de autores brasileiros e dos cronistas portugueses coloniais. Na verdade, "eu copiei o Brasil", disse o escritor.

OS PICOS MAIS ALTOS DO BRASIL

NEBLINA	AM	2995 m
31 DE MARÇO	AM	2974 m
BANDEIRA	MG/ES	2891 m
PEDRA DA MINA	MG	2798 m
AGULHAS NEGRAS	RJ	2791 m
CRISTAL	MG/ES	2769 m
RORAIMA	RR	2735 m

A CULPA É DO PAPAGAIO

No final de *Macunaíma*, há um epílogo em que o narrador conta que ouviu a história de um papagaio que guardou na cabeça tudo o que ouviu de Macunaíma. É uma forma de Mário de Andrade dizer que é o papagaio que repete as histórias recolhidas pelo etnógrafo alemão.

O nascimento do Xingu e do Amazonas

Antigamente, tudo era seco.

Os **jurunas** moravam na floresta, onde não havia rio nem água para beber. A dona da água era a **juriti**. Toda a água que existia estava com ela, guardada em três grandes tambores.

Uma tarde, os filhos da mulher do pajé, que estavam com sede, foram pedir água para a juriti, que cantava no alto do **açaizeiro**.

— Juriti! Estamos com muita sede! Dê um pouco de água para bebermos!

Mas ela não deu. Os garotos voltaram acabrunhados para casa; não aguentavam mais a sede e começaram a chorar.

Cinaã, a mãe dos meninos, perguntou por que estavam chorando e eles contaram o que tinha acontecido. Ela disse que não deviam mais procurar a juriti porque era perigoso.

— Dentro dos tambores de água há muitos peixes que podem atacar vocês — disse a mãe para os meninos.

Mas os garotos não deram atenção a ela. Estavam com tanta sede que voltaram a procurar a juriti. Pegaram um pau e quebraram os tambores. Imediatamente, a água começou a escorrer lá de dentro, e junto com a água vieram os peixes.

A juriti ficou muito brava. Os meninos saíram correndo. Deram um pulo bem grande para fugir dos peixes, mas o maior de todos comeu Itajiba, um dos meninos. O peixão engoliu a cabeça e o corpo do garoto, mas as pernas ficaram para fora da boca.

Os outros dois irmãos correram mais rápido ainda. E a água que seguia atrás deles ia formando rios e cachoeiras. O peixão seguia os meninos, levando muita água com ele. Essa água toda formou o **rio Xingu**.

Os dois meninos continuaram a fugir do peixão para o norte, até dar no estado do Amazonas. Lá chegando, conseguiram agarrar as pernas de Itajiba, que ainda estavam para fora da boca do peixão. Cortaram as pernas do irmão, assopraram o sangue que escorreu e, por mágica, o corpo do garoto se refez: Itajiba nasceu de novo.

Então, os três juntos sopraram toda aquela água e formaram um rio muito largo e comprido: o **Amazonas**.

Depois disso, voltaram juntos para casa e contaram para toda a aldeia que tinham quebrado os tambores. A partir desse dia todos tiveram água para sempre.

(*Inspirada em "A origem dos rios", história coletada por Herbert Baldus em* Estórias e lendas dos índios.)

Juriti.

DÁ PRA VER JURITI NA CIDADE

A juriti é uma pomba especial que vive em todo o Brasil, na mata, no cerrado e nos pomares ou quintais de cidades grandes, como São Paulo e Rio de Janeiro, que tenham uma amoreira. Suas cores são muito bonitas.

Mario Juruna foi um líder de seu povo que lutou pelos direitos dos indígenas e se elegeu deputado.

A POPULAÇÃO JURUNA É MUITO PEQUENA: SÃO MENOS DE 1200 HABITANTES QUE VIVEM NO PARÁ E EM MATO GROSSO. ELES CULTIVAM MANDIOCA, CAÇAM, PESCAM E FAZEM ARTESANATO.

VOCÊ SABIA QUE:

1. O rio Xingu tem muitas cachoeiras, por isso apenas 200 km dos seus 2266 km são navegáveis?
2. O vale do Xingu foi desbravado em 1944 pela expedição Roncador-Xingu? Orlando Villas-Boas, que participou da expedição, lutou para conseguir que a área se transformasse numa reserva indígena. E conseguiu: em 1961 foi criado o Parque Nacional do Xingu.

Colheita de açaí.

AÇAÍ NA TIGELA — E NO PÉ

O açaizeiro é uma palmeira da Amazônia que dá um fruto roxo e muito bonito, com o qual se faz o famoso suco de açaí. O fruto é duro, por isso é passado numa máquina de moer, para tirar o suco. De cor púrpura, um rosa-arroxeado, o suco é grosso e forte. O açaí é um alimento energético, rico em fibras e proteínas, potássio, vitaminas B e E e cálcio. No Sudeste e no Sul toma-se o açaí na tigela, feito com a polpa congelada. A semente é usada no artesanato, e as folhas do açaizeiro são empregadas para fazer bolsas, redes e sacolas.

O ARROZ COM FEIJÃO AMAZÔNICO

A comida do dia a dia dos descendentes de indígenas e europeus é peixe com açaí. Eles misturam suco de açaí com farinha de mandioca, fazendo um pirão.

E A POROROCA? VOCÊ SABE O QUE É?

É uma onda de 3 a 6 m de altura que se forma por causa da elevação repentina da água na foz do Amazonas. É causada pelo encontro de marés ou correntes contrárias, na mudança de lua. Chega a atingir uma velocidade de 50 km/h. Ocorre também em outros afluentes volumosos do Amazonas — rios Araguari e Maiacaré (Amapá), Guamá, Capim e Moju (Pará) —, e é mais intensa de janeiro a maio.

SURFE NA POROROCA

O torneio de surfe na pororoca acontece todos os anos, desde 1999, no Amapá, no Pará e no Maranhão (no rio Mearim).

AMAZÔNIA: DADOS IMPRESSIONANTES

RIO AMAZONAS: tem o maior volume de água do planeta, 20 vezes mais que o do rio Nilo (Egito) e 12 vezes mais que o do rio Missouri (EUA).

PEIXES: no Amazonas há 30 vezes mais espécies de peixes que em todos os rios da Europa.

AFLUENTES: são quase tão grandes como o Amazonas. O rio Madeira é um dos 20 maiores rios do mundo; o Purus, o Tocantins e o Juruá estão entre os 30 rios mais longos que existem.

O Amazonas é um dos rios mais largos do mundo, chegando a medir 240 km de largura na foz; sua largura média é de 5 km. No seu curso, existem inúmeras ilhas que formam igarapés ou braços de água. Em suas águas profundas (mais de 50 m), navegam navios de alto-mar.

QUAL É O RIO MAIS LONGO DO MUNDO?

É o Amazonas. Segundo a medição feita em 2008 pelo Instituto Nacional de Pesquisas Espaciais (Inpe) a partir do seu formador mais distante, o rio Ucayalli, no Peru, o rio brasileiro passou à frente do Nilo (no Egito).

PARQUES, RESERVAS E SÍTIOS ARQUEOLÓGICOS

Parque Nacional da Amazônia.

O Brasil possui mais de 2311 Unidades de Conservação federais, estaduais e municipais, que incluem parques nacionais, reservas ecológicas e terras indígenas. Os parques nacionais são áreas de proteção ambiental abertas ao turismo, e as reservas biológicas são exclusivas para pesquisa. Existem ainda os sítios arqueológicos, onde se encontram vestígios de povos e culturas desaparecidos.

PARQUES NACIONAIS

Na região Norte existem 13 parques nacionais: Amazônia (AM/PA), Jaú e Pico da Neblina (AM), Montanhas do Tumucumaque (AP/PA), Cabo Orange (AP), Serra da Cuia e Pacaás Novos (RO), Monte Roraima, Serra da Mocidade e Viruá (RR), Serra do Divisor (AC), Araguaia (TO) e Nascentes do Rio Parnaíba (divisa de Tocantins, Bahia, Maranhão e Piauí). São esses os maiores parques do Brasil, com 1 a 2 milhões de hectares cada um.

ÁREAS DE CONSERVAÇÃO

No Brasil existem cerca de 1000 Unidades de Conservação federais. A maior reserva florestal do mundo, no Pará, tem 20 milhões de hectares (quase o tamanho do estado do Paraná). Conhecida como "Calha Norte", é o maior corredor ecológico do planeta, que se estende da fronteira do Amazonas com a Colômbia até o oceano Atlântico. Ela engloba parques nacionais, reservas indígenas e 5 unidades de conservação: a Estação Ecológica Grão-Pará (a maior do mundo, com 4,2 milhões de hectares), a Reserva Biológica Maicuru e as Florestas Estaduais do Paru, de Faro e de Trombetas.

No entanto, esse imenso paraíso selvagem vem sendo ocupado.

O PARAÍSO DOS BICHOS

Os parques nacionais foram criados para preservar a natureza do desequilíbrio causado por queimadas, desmatamento, abertura de estradas, poluição, lixo etc. Animais raros e em extinção, como sapo-arlequim, urubu-rei, ariranha, peixe-boi, lobo-guará e águia-real, vivem ao lado de cachorros-do-mato-vinagre, tamanduás-bandeira, tatus-canastra, onças-pintadas e cerca de 300 espécies de aves, muitos peixes, tartarugas e jacarés.

Sapo-arlequim.

Cachorro-do-mato-vinagre.

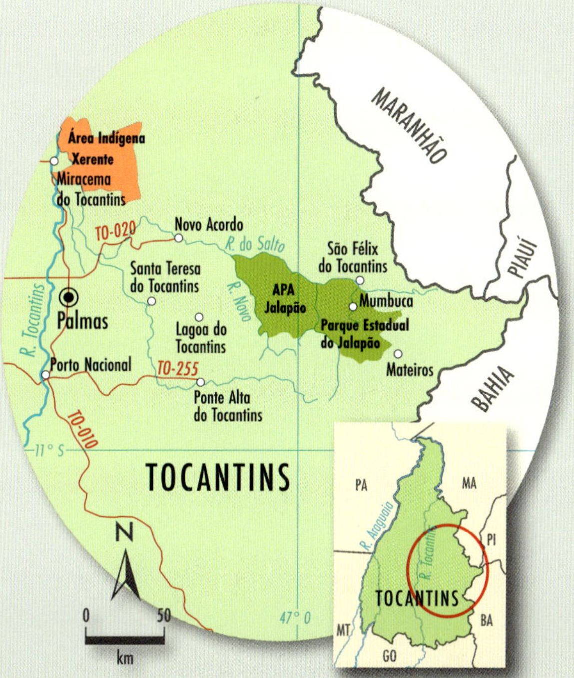

JALAPÃO E O CAPIM DOURADO

O Parque Estadual do Jalapão, em Tocantins, na divisa com a Bahia, o Piauí e o Maranhão, é ainda uma região pouco conhecida no Brasil. Chamado de "deserto do Jalapão" por causa do solo arenoso, na verdade é um grande oásis. Localizado em meio à serra Geral, tem nascentes e córregos que formam cachoeiras, além de fauna e flora muito especiais. No poço do Fervedouro a água possui tanta pressão que as pessoas não afundam. É no Jalapão também que fica o rio Novo, um dos últimos rios de água potável do mundo, e é só lá que se encontra o capim-dourado, usado em bijuterias, bolsas, sandálias, cintos, fruteiras e outros objetos. A ideia de trabalhar o capim-dourado nasceu na comunidade quilombola de Mumbuca. Outras comunidades, como a do Prata, foram aprendendo o trabalho e formaram uma associação que reúne cerca de 40 famílias. Com a divulgação do artesanato para todo o país, os homens também se integraram ao trabalho.

O capim-dourado é uma sempre-viva, flor do cerrado cujas hastes são semelhantes a capim e têm uma cor especial. Os artesãos desfiam as folhas, que depois são trançadas e costuradas com seda de buriti (o fio das folhas mais novas da palmeira buriti).

Inscrição rupestre no Parque Nacional do Jaú (AM), o maior parque tropical do mundo.

CIVILIZAÇÕES ANTIGAS

O estudo das culturas antigas da Amazônia começou no Pará, no século XIX, com o cientista Domingos Ferreira Penna, o fundador da Sociedade Filomática (1866), que deu origem ao Museu Paraense Emílio Goeldi (1871) — centro de estudo da natureza, pesquisas arqueológicas e ações educativas sobre o meio ambiente. Na década de 1960, em escavações feitas na ilha de Marajó pelos arqueólogos Betty Meggers e Clifford Evans, foi descoberta a cultura marajoara. Em 1980, a arqueóloga Anna Roosevelt encontrou, no norte do Pará, vestígios de sociedades de caçadores-coletores, que não conheciam o plantio e viviam na floresta havia 11 mil anos, isto é, há 120 séculos! Mais tarde, os arqueólogos Marcos Pereira Magalhães, Daniel Lopes e Maura Imásio da Silveira encontraram no Pará restos de mandioca de mais de 7 mil anos atrás.

CULTURA DESENVOLVIDA

Em 1991, Anna Roosevelt descobriu pinturas rupestres (feitas na pedra) na caverna da Pedra Pintada, em Monte Alegre, próximo a Santarém, no Pará. Essas pinturas têm 11 mil anos e demonstram que naquele período os povos amazônicos possuíam economia estável e produziam cultura e tecnologia bem desenvolvidas. Eles viviam em cavernas protegidas, tinham alimentação saudável (como demonstram as espinhas de peixe e as sementes encontradas) e faziam cerâmicas, pinturas rupestres e pontas de flechas elaboradas que, no mesmo período, só eram feitas na Europa e no Japão. Segundo estudos, durante quatro séculos eles viveram de caça, pesca e coleta de frutas e raízes, em uma sociedade organizada que chegou a reunir 300 mil pessoas. Criaram pinturas grandes e bem-feitas, que podem ser vistas de longe.

Em Roraima, próximo à capital Boa Vista, encontra-se uma rocha de 40 m de altura e 60 m de diâmetro, com pinturas vermelhas feitas há 4 mil anos. Ela também é conhecida como Pedra Pintada.

ECOLOGIA HISTÓRICA

Os povos originários antigos influenciaram a diversidade biológica da floresta. Por exemplo, em Monte Alegre, no Pará, a floresta é rica em árvores frutíferas. Estudos de ecologia histórica mostram que os primeiros habitantes do Brasil tinham o hábito de transplantar árvores e plantas comestíveis e medicinais da floresta para as aldeias.

SÍTIOS ARQUEOLÓGICOS

A riqueza da Amazônia está também no seu patrimônio histórico. No Brasil, há cerca de 26 mil sítios arqueológicos, 4 mil deles na Amazônia. Muitos só são descobertos quando surgem grandes empreendimentos no local. Em 1986, quando se projetava uma hidrelétrica no rio Araguaia, no norte de Tocantins, uma pesquisa feita pela Casa de

Cultura de Marabá e pelo Museu Emílio Goeldi descobriu um maravilhoso conjunto de cerâmicas, pinturas e gravuras na pedra, em São Geraldo do Araguaia. A construção da usina foi abandonada. Em 1996, foi criado na região o Parque Estadual da Serra dos Martírios/Andorinhas, que reúne 80 sítios arqueológicos com mais de 5 mil pinturas e gravuras rupestres, de 8300 anos.

Ceramista trabalha no Ateliê de Mestre Anísio, em Icoaraci, no Pará, um dos principais centros de cerâmica da Amazônia. Os artesãos locais reproduzem peças marajoaras e tapajônicas.

CERÂMICA MARAJOARA E TAPAJÔNICA

A história das civilizações que viveram na ilha de Marajó desde 980 a.C. pode ser reconstituída a partir das cerâmicas encontradas nas escavações. As peças mais antigas são de 980 a.C., mas a fase marajoara, a mais elaborada, é dos anos 300-350. São urnas funerárias, vasos e estatuetas representando a figura humana de modo estilizado. As peças mais originais são as tangas feitas de cerâmica, usadas pelas tapajós para cobrir o sexo — talvez as únicas do gênero existentes em todo o mundo. O povo tapajó que viveu em Santarém produziu vasos e urnas decorados com estatuetas de homens e animais. Feita com argila e cauxixi (esponja de rio), a cerâmica é dura e ao mesmo tempo leve como a porcelana. As cerâmicas marajoara e a tapajônica podem ser vistas no Museu Emílio Goeldi, em Belém, ao lado de plantas e animais.

CERNAMBIS: OS SAMBAQUIS DO PARÁ

Sambaquis são antigos depósitos de conchas, ossos, pedras e restos humanos situados junto a rios, lagos ou mar. Eles são encontrados nos locais em que a população comia mariscos. Estudos feitos com sambaquis mostram que por volta de 10 mil a.C. a América do Sul era totalmente povoada. No século XIX, o naturalista Charles Hartt descobriu o sambaqui Taperinha, próximo a Santarém. Cem anos depois, Anna Roosevelt encontrou ali algumas das cerâmicas mais antigas do continente. No Pará, onde os sambaquis são conhecidos como cernambis, há depósitos na região do Salgado, no litoral, junto às cidades de Salinópolis e Bragança, e próximo a Santarém, no rio Tapajós.

Urna funerária de cerâmica marajoara. Reprodução feita por Déo Almeida a partir de peça original do Museu Emílio Goeldi, de Belém.

OS FAMOSOS MUIRAQUITÃS

Os muiraquitãs eram os amuletos antigos, de jade ou nefrite, usados pelas guerreiras amazonas e mulheres indígenas de várias nações para prevenir doenças e evitar a infertilidade. Elas retiravam essas pedras do fundo dos lagos e lhes davam forma de peixe, sapo, tartaruga ou cilindro. Existem poucos muiraquitãs originais no Brasil; a maioria foi roubada ou vendida. Conta-se que as amazonas presenteavam os rapazes com esses amuletos, que eram pendurados no pescoço. Dizem que é preciso mergulhar o muiraquitã num rio ou lago, em noite de lua cheia, para despertar seus poderes mágicos.

O boto

O povoado todo estava em polvorosa.

A semana inteira fora dedicada aos preparativos da festa de São Sebastião. Em Santa Cruz do Arari, no meio da **ilha de Marajó**, os homens pescaram e colheram mandioca, milho e frutas. Reunidas, as mulheres fizeram **beiju**, cuscuz, bolos e assaram carnes e peixes. Na escola, as crianças prepararam bandeirinhas para enfeitar as ruas para a chegada do santo.

No dia 20 de janeiro, São Sebastião voltou para **Santa Cruz do Arari**. Todos saíram para receber o santo, seguindo em procissão até a igreja. Depois da missa, voltaram para casa, almoçaram e continuaram a trabalhar nos preparativos.

No fim da tarde, com a chegada do sanfoneiro, o pessoal logo começou a dançar. À noitinha, apareceu na festa um rapaz bonito e simpático, vestido de branco e muito perfumado. Na cidade pequena, todos se conheciam; esse moço não era de lá.

Tito foi ao encontro dele.

— Boa noite. Está procurando alguém? — perguntou.

— Sou de **Cachoeira do Arari**; gostaria de participar da festa. Posso entrar?

Tito não gostou daquela conversa. Tonico aproximou-se e convenceu-o a deixar o rapaz entrar.

— Coitado do moço, Tito. Vamos deixá-lo participar da festa.

— Está bem, Tonico, mas não estou gostando nada disso.

O rapaz entrou, e todos se envolveram com a festa. No início, ele ficou sozinho, num canto da sala. Mas, depois que bebeu um pouco, foi se desinibindo e começou a conversar com os rapazes. Em meia hora, já estava dançando.

Bonito como era, atraiu a atenção de todas as moças. Ele dançou com muitas garotas, até que escolheu a mais bonita e ficou com ela a noite inteira.

O rapaz bebia muito, o que foi deixando Tito e o próprio Tonico cada vez mais com a pulga atrás da orelha. A situação chegou a tal ponto que o pessoal decidiu racionar a bebida para ele, do contrário não sobraria nada para mais ninguém.

De vez em quando, ele ia ao banheiro e voltava com a cabeça toda molhada. A moça estranhava aquilo. Mas ele dizia que estava fazendo muito calor, e eles continuavam a dançar.

A madrugada já ia alta e a festa continuava animada. Quando o amanhecer se aproximava, de repente, ele se afastou da moça e saiu correndo da casa.

Vendo isso, Tito chamou Tonico e a rapaziada, e todos foram atrás dele. O moço corria muito, parecia desesperado. Chegando à beira do rio, tirou a roupa e se atirou na água. Tito, Tonico e o pessoal também entraram no rio.

Quando o corpo voltou à tona, não era mais o de um homem, mas o de um **boto**. Tito tinha razão de estar desconfiado: era o boto que tinha estado na festa.

UMA SUPERILHA!

Marajó, a maior ilha fluviomarítima do mundo, tem 50 mil km² e cerca de 550 mil habitantes. Banhada pelo oceano Atlântico, pelo rio Amazonas e pela baía do Marajó, que recebe as águas dos rios Pará e Tocantins, a ilha tem a maior criação de búfalos do Brasil.

Búfalos da região de Santa Cruz do Arari (Marajó).

BEM NO MEIO DE MARAJÓ

Santa Cruz do Arari e Cachoeira do Arari são cidades pequenas e recentes do interior da ilha de Marajó. Cachoeira foi fundada em 1935 e Santa Cruz do Arari, em 1961. Até então, só havia fazendas de búfalo na região.

MIL E UMA UTILIDADES

Os búfalos fornecem couro, carne, leite e queijo e servem como meio de transporte. Sua carne é 50% mais magra que a do boi. Em Marajó, o prato principal é o "frito do vaqueiro", feito de carne de búfalo frita na gordura do animal e misturada à farinha de mandioca, servida com arroz e mandioca.

Feito de mandioca, o beiju é parte essencial da alimentação amazônica. Com a mandioca se faz ainda farofa, mingau, bolo, pão, sopa, pirão, tapioca, cuscuz, tacacá, tucupi e vários tipos de farinha.

VOCÊ SABIA QUE NA AMAZÔNIA EXISTEM APENAS DUAS ESTAÇÕES?

São o verão, ou estação das chuvas (mais ou menos de novembro a julho), e o inverno, ou período mais seco (de agosto a outubro). Chove quase o ano todo, mas no verão é muita água, mesmo! É tanta chuva que, na região, é comum usar a expressão "inverno amazônico" para se referir a esse período tão chuvoso.

Chove
chuva indecisa
caindo do céu cinzento
neste dia de setembro

(Versos de "Chovendo na tarde", do poeta paraense Alcy Araújo.)

Campos, gramados, lagos, florestas e praias de mar e rio compõem a paisagem de Marajó.

DUAS ILHAS DIFERENTES

O visual de Marajó muda a cada 6 meses. De novembro a julho, os rios alagam a ilha, cobrindo campos e matas. No segundo semestre, durante a seca, o solo e a floresta reaparecem — esta é a melhor época para conhecê-la.

Casa às margens do rio Arari, em Marajó, na época da seca.

AO CONTRÁRIO DO BOTO-CINZA OU GOLFINHO, QUE VIVE EM BANDOS ALEGRES, O BOTO-COR-DE-ROSA É SOLITÁRIO.

Boto-cor-de-rosa.

ROSA E TUCUXI

Na Amazônia, vivem duas espécies de botos: o cor-de-rosa ou vermelho (*Inia geoffrensis*) e o tucuxi (*Sotalia fluviatilis*). O cor-de-rosa é o maior; chega a 2,5 m e mais de 180 kg. O tucuxi é parente próximo do boto-cinza (*Sotalia guianensis*).

OS FILHOS DO BOTO

Diversas lendas amazônicas contam que mulheres que tomavam banho ou lavavam roupa no rio foram atacadas pelo boto-cor-de-rosa e, 9 meses depois, deram à luz.

BOTO NA CERTA!

Um rapaz desconhecido, bonito e simpático, que bebe muito e sai para molhar a cabeça à noite, é boto na certa! Como são animais de rio, não aguentam ficar muito tempo fora da água, por isso têm de se molhar.

A COR DA IDADE

Apesar de ser chamado de boto-cor-de-rosa, na maior parte da vida esse animal é cinza. A cor rosada surge com a despigmentação da pele. Só machos adultos e velhos ficam totalmente rosados.

BOTO DE RIO E DE MAR

Uma das diferenças entre os botos de rio e os de mar está nas vértebras da coluna cervical. O boto-cor-de-rosa (de rio) tem as vértebras independentes, que possibilitam mexer o pescoço para os lados. O boto-cinza (de mar) tem as vértebras rígidas, o que permite maiores saltos e velocidade. Por isso, é comum ver o tucuxi — um boto marinho que diminuiu de tamanho para se adaptar à vida na Amazônia — saltando nos grandes rios da região.

QUAL É O NOME CERTO?

Há 30 espécies desse mamífero cetáceo no Brasil, que é conhecido por vários nomes: boto e tucuxi (Amazônia), delfim (mais usado em Portugal), golfinho (Nordeste, Sudeste e Sul) e toninha (espécie existente no Sul e Sudeste). De modo geral, são conhecidos como golfinhos os que vivem no mar e como botos os que vivem nos rios.

ANIMAL AMEAÇADO

O boto ainda não está em extinção, mas a pesca maciça pode ser um caminho para isso.

Golfinhos.

Chico Mendes:
Em defesa da mata

Esta história é dedicada àqueles que defenderam — e defendem — a floresta. Foram muitos, ao longo dos séculos, mas aquele que mais se destacou, tornando sua luta conhecida no mundo inteiro e levando-a às últimas consequências, foi Chico Mendes. Esse **seringueiro** fez da defesa da mata e das pessoas que vivem dela o lema da sua vida.

Francisco Alves Mendes Filho nasceu em Xapuri, no **Acre**, no dia 15 de dezembro de 1944. Passou a infância nos seringais, ajudando o pai no trabalho. Em 1955, começou a trabalhar como seringueiro. Aos 20 anos, tornou-se líder dos trabalhadores de Xapuri e em 1969, aos 25 anos, iniciou a luta contra os fazendeiros que começaram a ocupar a região incentivados pela política do governo. A Operação Amazônia, criada em 1964 para desenvolver o norte do Brasil, que oferecia empréstimos aos fazendeiros para se estabelecerem ali, e a construção das estradas Transamazônica, Belém-Brasília e Cuiabá-Santarém abriram a região para o restante do país.

Na década de 1970, teve início o desmatamento no Acre. Agricultores vindos de outros estados do Brasil tomaram as terras dos seringais. Os seringueiros, que viviam ali havia gerações, não tinham comprado a terra; eram posseiros, quer dizer, eles tinham direito de posse da terra pelos anos de ocupação.

Logo começou a disputa entre os que chegaram para ocupar a Amazônia e as pessoas que viviam na região. Os seringueiros eram contra a derrubada da floresta para dar espaço ao gado e à plantação. A proposta deles era manter a mata, criando reservas para a extração dos produtos florestais: borracha, castanha-do-pará, açaí, **pupunha**, copaíba, tucumã, **babaçu**.

Quando centenas de seringueiros foram expulsos das suas terras, Chico Mendes entrou para o movimento sindical rural. Em 1975, foi fundado o Sindicato dos Trabalhadores Rurais de Brasileia, para o qual Chico foi escolhido como secretário-geral. No ano seguinte, participou ativamente das lutas dos seringueiros. A fim de impedir o **desmatamento**, eles se postavam com toda a família entre as árvores e os empregados das fazendas, com a serra nas mãos. Esse enfrentamento pacífico foi chamado de "empate".

Em 1977, Chico foi eleito vereador em Xapuri. Dois anos depois, assumiu a presidência da Câmara Municipal e transformou-a numa grande área de debates. A partir de então, começou a ser ameaçado de morte pelos fazendeiros. Por causa da forte pressão dos vereadores, em outubro de 1979 renunciou à presidência da Câmara. Acusado de subversão, foi submetido a duros interrogatórios e torturado; sem apoio político, não teve condições de denunciar o que havia ocorrido, pois o governo e a imprensa estavam do lado dos fazendeiros.

Mas Chico Mendes não desistiu e continuou participando dos empates. Com tato e habilidade política, conseguiu se aproximar dos ashaninkas e kaxinauás, desfazendo a inimizade histórica que existia entre eles e os seringueiros. Influenciados por ele e por **Ailton Krenak**, os povos indígenas do Acre se uniram a seringueiros e ribeirinhos em um movimento chamado Aliança dos Povos da Floresta.

Chico comprovou que era possível realizar um plano de desenvolvimento racional para a floresta amazônica, mantendo as atividades extrativistas, como a coleta de látex e de frutos, sem devastá-la. Desenvolveu o projeto de reservas de **extrativismo**, para garantir a área de trabalho aos seringueiros e os direitos que nunca haviam tido: escolas, postos de saúde e segurança contra as ameaças dos latifundiários. Além disso, buscava obter maior produtividade e melhores condições de comercialização dos seus produtos.

Em 1981, na direção do Sindicato dos Trabalhadores Rurais de Xapuri, foi acusado de incitar os posseiros à violência, mas foi absolvido por falta de provas.

Quatro anos depois, ambientalistas dos Estados Unidos fizeram uma campanha contra a política de desenvolvimento do Banco Mundial. O antropólogo e ambientalista inglês Antony Gross apresentou o movimento social dos seringueiros brasileiros ao movimento ambientalista dos Estados Unidos. Chico Mendes tornou-se famoso no exterior antes de ser conhecido no Brasil. No mesmo ano, em 1985, foi realizado em Brasília o 1º Encontro Nacional dos Seringueiros, com a presença de jornalistas norte-americanos e europeus. O trabalho de Chico Mendes foi divulgado no mundo todo e ganhou o respeito de organizações internacionais de proteção ao meio ambiente. Em 1987, membros do Programa da ONU para o Meio Ambiente foram visitá-lo em Xapuri. No mesmo ano, ele recebeu o Prêmio Global 500 da ONU.

Logo em seguida, Chico Mendes participou da reunião do Banco Interamericano de Desenvolvimento (BIRD), onde conseguiu uma proeza: suspender o financiamento do banco para a construção de uma grande rodovia no Acre. Seu argumento era o de que, sem o cuidado necessário com o meio ambiente, essa estrada seria um atentado à mata e a seus habitantes.

A causa da floresta e dos seringueiros foi novamente divulgada no mundo todo. Chico passou a receber convites de viagens; seu prestígio cresceu muito fora do Brasil. Em meados da década de 1980, ele viajou tanto que diziam que circulava por Nova York como se estivesse no interior do Acre.

O prestígio internacional, porém, não lhe trouxe segurança. Muito pelo contrário. Suas ideias eram apoiadas pelo BIRD e pelo Congresso dos Estados Unidos, mas sofriam a oposição violenta dos **latifundiários**, dos **madeireiros** e das empresas com projetos agropecuários na Amazônia. A projeção e a fama que Chico alcançou na Europa, no Canadá e nos Estados Unidos acabaram incomodando muito os seus inimigos.

Chico Mendes era ameaçado continuamente. Entregou à polícia uma relação completa das pessoas que o ameaçavam, mas não obteve proteção.

Depois de muitas tentativas, seus inimigos finalmente conseguiram o que queriam. Chico foi assassinado em sua casa, quando abria a porta para tomar banho no quintal. Os matadores estavam de tocaia, esperando que ele aparecesse. No dia 22 de dezembro de 1988, um tiro de revólver acabou com um dos principais líderes dos ideais do povo que vive da floresta. Chico Mendes morreu aos 44 anos, perto da mulher e dos filhos pequenos. Dois fazendeiros que queriam sua cabeça foram presos.

Chico Mendes.

Pouco antes, em 5 de dezembro, sentindo que o cerco se fechava, ele deixou uma mensagem escrita: "Não quero flores no meu enterro, pois sei que vão arrancá-las da floresta. Quero apenas que meu assassinato sirva para acabar com a impunidade dos jagunços sob a proteção da polícia, os quais, de 1975 para cá, já mataram mais de cinquenta pessoas".

Depois da sua morte, o governo brasileiro sofreu pressões internacionais para proibir o desmatamento e as más condições de trabalho na região e preservar as reservas indígenas.

Dorothy Stang.

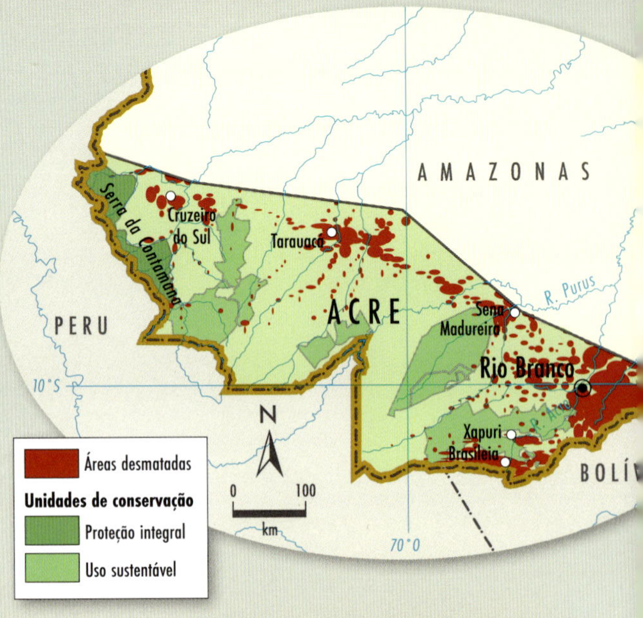

A LUTA DE DOROTHY

A freira norte-americana Dorothy Stang trabalhava na Amazônia, numa missão de Justiça e Preservação Ambiental. Dedicava-se à educação e ao desenvolvimento sustentável. Abriu vários colégios e atuou em defesa da floresta, ajudando os ribeirinhos a criar cooperativas de cultivo sustentável. Diversas vezes ameaçada pelos fazendeiros da região, foi assassinada aos 73 anos, em fevereiro de 2005, em Anapu, no Pará. Wilson Pinheiro, presidente do Sindicato dos Trabalhadores Rurais de Brasileia (Acre), também foi assassinado, em 1980. Mas, mesmo sem proteção, muitas outras pessoas têm lutado em defesa da população local.

BRUNO E DOM

O indigenista Bruno Pereira e o jornalista britânico Dom Phillips foram assassinados em 5 de junho de 2022, em uma emboscada no Vale do Javari, Amazonas, enquanto investigavam crimes ambientais na região. Na ocasião, colaboravam em um livro que Phillips escrevia sobre a Amazônia, com foco na proteção ambiental e dos povos indígenas. Dom era defensor da preservação da floresta e dos direitos indígenas. Bruno, ambientalista e servidor da Funai, era referência na atuação com povos isolados ou de recente contato.

Bruno Pereira.

Dom Phillips.

O QUE É EXTRATIVISMO?

Extrativismo é a coleta de produtos de origem vegetal (madeiras, folhas, frutos), animal (peles, carne, óleos) e mineral (exploração de minérios). Quando o extrativismo é realizado em pequena escala, sem comprometer os recursos da floresta, é chamado de extrativismo sustentável. Castanha-do-pará, babaçu, borracha e peixes são produtos importantes de coleta; açaí e pupunha são exemplos de produtos de extrativismo sustentável. Ouro, ferro, bauxita e cassiterita são os principais produtos extrativistas.

OS RECURSOS DA FLORESTA

Pupunha é um tipo de palmito nativo da Amazônia. A madeira da copaíba (árvore de até 40 m de altura) é usada na construção e dela se extrai um importante óleo medicinal. Das folhas da palmeira tucumã se fazem cordas e redes de pescar e de dormir. As folhas de babaçu servem para revestir casas, fazer esteiras, chapéus e cestos, e o seu palmito é comestível.

FLORESTA VIRA PASTO E SOJA

Desde a década de 1990, a floresta amazônica vem sendo intensamente desmatada para dar lugar a grandes pastagens e gigantescas áreas de cultivo, especialmente de soja. Entre 1985 e 2023, foram desmatados cerca de 50 milhões de hectares da Amazônia. Cerca de 90% das terras desmatadas viraram pastagens; o restante foi usado principalmente para agricultura, silvicultura e mineração.

Fonte: http://www.obt.inpe.br/OBT/assuntos/programas/amazonia/prodes. Acesso em julho/2025.

17% DA FLORESTA AMAZÔNICA FOI DESMATADA — ÁREA CORRESPONDENTE A TRÊS VEZES O ESTADO DE SÃO PAULO.

Latifundiário é o dono de um latifúndio, que é uma grande propriedade de terras geralmente pouco aproveitadas ou com culturas voltadas principalmente para a exportação. Os latifúndios medem cerca de mil hectares, mas na Amazônia alguns são gigantescos e podem chegar a até 10 mil hectares. Só para imaginar melhor o tamanho: 1 hectare = 10 mil m², que é o tamanho aproximado do maior campo de futebol oficial.

Nos últimos 35 anos, cerca de 1,3 milhão de hectares de floresta foi desmatado a cada ano. Só para se ter uma ideia da destruição, uma simples castanheira mede 60 m de altura, pesa 700 toneladas, vive 600 anos e abriga 50 espécies de plantas e 1,7 mil espécies de invertebrados!

HAJA LATIFÚNDIO!

O Brasil mede 850 milhões de hectares e as propriedades rurais ocupam mais de 350 milhões, dos quais cerca de 50% são de latifúndios.

POVOS DA FLORESTA

Inspirada por Chico Mendes e Ailton Krenak, durante o 1º Encontro Nacional dos Seringueiros, em 1987, foi criada a Aliança dos Povos da Floresta, de modo a unir os interesses dos indígenas e dos seringueiros em defesa da mata e do seu uso coletivo. O próximo encontro, marcado para 1989, não aconteceu devido à morte de Chico Mendes (1988). Passaram-se 20 anos para que o novo encontro acontecesse, em 2007.

AILTON KRENAK é ativista indígena, escritor e imortal da Academia Brasileira de Letras. Originário de uma pequena aldeia krenak do vale do rio Doce, em Minas Gerais, participou da fundação da União das Nações Indígenas (1988) e promove o Festival de Dança e Cultura Indígena na Serra do Cipó (MG), "para fazer um intercâmbio entre a cultura dos povos indígenas e não indígenas".

Ailton Krenak.

COMO VIVER DA FLORESTA SEM DESMATÁ-LA

O barco é o principal meio de transporte da Amazônia.

A SOCIEDADE PODE REVERTER PROBLEMAS

Alunos e professores de uma escola estadual de Boa Vista, capital de Roraima, revitalizaram o igarapé Pricumã. Unidos a entidades envolvidas no projeto, conseguiram diminuir o desmatamento da área e conscientizar a população a não jogar lixo no rio.

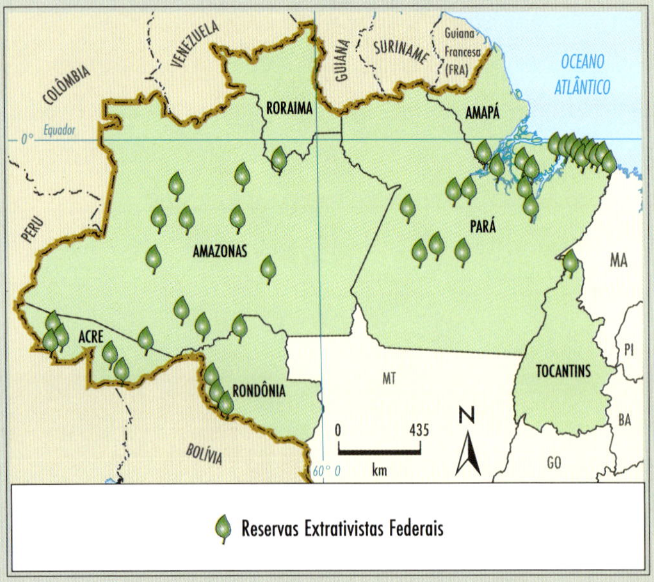

O melhor modo de viver da floresta é seguindo o seu ciclo. As formas de trabalho que respeitam os recursos da natureza são chamadas de "manejo florestal". Elas propõem o "desenvolvimento sustentável" — aquele que permite que a riqueza da região permaneça para as gerações futuras.

O desenvolvimento sustentável, ou sustentabilidade, melhora a vida das populações que vivem na região — 18 milhões de pessoas, incluindo indígenas, ribeirinhos, seringueiros e pequenos produtores —, sem agredir a natureza, evitando mudanças ecológicas e climáticas. Seu objetivo é aumentar a reutilização e a reciclagem e diminuir o uso de matérias-primas. Esse trabalho é desenvolvido com o auxílio de diversas entidades, como o Instituto de Pesquisas da Amazônia (Inpa), a Empresa Brasileira de Pesquisa Agropecuária (Embrapa) e o Instituto de Pesquisas Ecológicas (IPÊ).

A ECONOMIA NAS RESERVAS

Existem 77 reservas extrativistas na Amazônia, onde vivem milhares de famílias. Essas reservas são unidades de conservação criadas a pedido da população para coletar os frutos da floresta, óleos, resinas, entre outros materiais.

Por exemplo, no Acre, a Reserva Chico Mendes, uma das maiores que existem, reúne coletores de látex, castanha-do-pará, frutas, palmito, óleo de copaíba, resinas, palhas e fibras de cipós. As famílias plantam alimentos para o sustento e costumam vender arroz, milho e farinha de mandioca. Em muitas reservas há escolas e postos de saúde.

Seringal (área de seringueiras) no sul da Amazônia.

A HISTÓRIA DOS SERINGAIS

O seringal era uma grande área de terra repleta de seringueiras, no meio da floresta, e equipada pelo seringalista — o patrão — para produzir borracha. Os seringueiros eram pessoas muito pobres; muitos fugiam da seca no Nordeste para trabalhar no seringal. Tudo de que precisavam para sobreviver (comida, querosene para o lampião e remédios) era vendido no armazém do seringal a preços muito maiores que na cidade; assim, o que eles ganhavam não dava para pagar essa despesa. Estavam sempre devendo ao patrão e, por isso, não podiam abandonar o trabalho. Os capatazes vigiavam para que eles não fugissem.

Quando a borracha da Malásia passou a ser comprada pela indústria estrangeira no lugar da borracha brasileira, os patrões abandonaram os seringais. A maioria dos seringueiros voltou para suas terras, mas muitos ficaram, pois não tinham dinheiro para a passagem. E ainda hoje eles continuam coletando látex e vendendo borracha por um preço muito baixo.

Na década de 1970, os fazendeiros chegaram à Amazônia e passaram a expulsar os seringueiros; derrubaram a floresta para vender madeira, plantar ou criar gado. Assim se iniciaram os conflitos de terra. Os seringueiros começaram a se unir e surgiram os sindicatos e os líderes, como Chico Mendes. Os seringueiros mostraram que as pessoas podem viver na floresta sem destruí-la. Muitas comunidades foram criadas com esse objetivo.

Os seringueiros coletam o látex fazendo incisões com a faca no tronco da seringueira. Com o látex se faz a borracha.

Há alguns anos foi criada no Acre a palavra "florestania", que significa "cidadania da floresta".

A LUTA PELA TERRA E AS RESERVAS EXTRATIVISTAS

Da união de parte dos seringueiros que ficou na Amazônia surgiram os movimentos sociais liderados por Wilson Pinheiro e Chico Mendes. Depois da morte de Chico, foram criadas reservas extrativistas, onde vivem dezenas de famílias. Os seringueiros não são proprietários da terra; como os indígenas, eles passaram a defender o seu lugar como hábitat, não como propriedade. A luta pela terra, porém, é um problema grave e muito atual. Ribeirinhos, seringueiros e povos originários estão constantemente ameaçados por madeireiros, criadores de gado e agricultores que estão ocupando a Amazônia.

CRIANDO COM O "MATO"

Desde 1996, os artesãos de Novo Airão, a 200 km de Manaus, vêm lucrando com a selva sem destruí-la. Os galhos que caem das árvores e os tocos de madeira são transformados em objetos e brinquedos: barquinhos, onças, macacos e outros bichos.

Outras comunidades usam as sementes para fazer bijuterias, que são vendidas com a ajuda do IPÊ (Instituto de Pesquisas Ecológicas). Os povos originários têm aprendido a criar abelhas sem ferrão para produzir mel e a alternar o plantio de mandioca com o de árvores frutíferas para manter o solo produtivo. Com apoio da Embrapa, diversas comunidades vêm se beneficiando do cultivo e da geração de energia a partir do dendê.

BRINQUEDOS DE PLANTAS

Com as hastes que sustentam as folhas de buriti (ou miriti), e sem destruir a palmeira, são feitos vários brinquedos. A fibra de buriti é levíssima, por isso as canoinhas e jangadinhas feitas com essa fibra flutuam facilmente na água. As hastes da palmeira são descascadas e com essa "palha" são feitas cestas, peneiras e varetas de pipas. Com o miolo das hastes, que é mais firme, são esculpidos bonecos, carrinhos, aviões, casinhas, rádios, televisõezinhas e bichos (passarinhos, jacarés, cobras, onças). O açaí tornou-se lucrativo também para os estudantes de Codajás, no Amazonas, onde grande parte dos alunos das escolas estaduais utilizam as sobras do açaí para fazer brinquedos.

Brinquedos feitos com buriti.

Bonecos de buriti representando a procissão do Círio de Nazaré.

Crianças de aldeia suruí em brincadeira típica indígena.

BRINCADEIRA ÍNDIGENA

Essas crianças suruís, de Rondônia, estão brincando de "arranca mandioca", uma brincadeira tipicamente indígena. A brincadeira tem esse nome porque lembra o modo como a mandioca é arrancada da terra (é preciso fazer muita força!). As crianças formam uma fila junto a uma árvore, se agacham e agarram forte quem está na frente. A primeira da fila se agarra na árvore: ela é a dona da plantação. Uma criança bem forte é escolhida para "arrancar" as mandiocas, que são as próprias crianças. Em geral, acaba com todo mundo no chão morrendo de rir.

BRINCADEIRAS TRADICIONAIS

Nas aldeias indígenas, as crianças também brincam com os mesmos brinquedos que as crianças das cidades grandes brincavam antigamente: pião, varetas, bilboquê, peteca e perna de pau. No boliche, os pinos são varas e as bolas são marmelos. Outras brincadeiras são arco e flecha, zunidor, marimbondo, briga de galo, quebra-cabeça e jogo da onça. Na cama de gato, formam figuras, trançando um fio de seda de buriti entre as mãos. Na brincadeira da sucuri, as crianças têm de andar numa perna só sobre um rastro traçado no chão.

JARINA, O MARFIM VEGETAL

Extraído das sementes da jarina (palmeira da Amazônia), o marfim vegetal é muito parecido com o marfim animal, das presas de elefante. Para proteger os elefantes, foi proibida a venda do marfim animal (com ele eram feitas joias e as teclas do piano). No Brasil, não há produção industrial de jarina como no Equador e na Colômbia, mas as peças brasileiras feitas com suas sementes e as de outras plantas são vendidas no exterior como "biojoias" — as joias da floresta.

Sementes de jarina.

O roubo do fogo

Quando os povos originários ainda não tinham fogo, secavam a comida ao sol. O fogo existia, mas era de um dono só. E esse dono era o poderoso **urubu-rei**.

Para tentar conseguir o fogo, o pajé dos **parintins** teve uma ideia: embrenhou-se na mata, cobriu-se de cupim e se deitou, fingindo que estava morto. Logo os insetos começaram a rondar o corpo, e a mosca-varejeira foi avisar o urubu-rei.

Acompanhado da mulher, dos filhos e dos outros urubus, o urubu-rei desceu do céu. Como sempre, trouxe o fogo embaixo das asas — ele nunca se separava dele. Cavou uma vala, pôs o fogo e o cobriu com sementes e galhos secos — estava pronto o **moquém**. Então, pediu aos filhos que vigiassem o fogo.

Ao observar o morto, os filhos do urubu-rei perceberam que ele estava se mexendo e avisaram o pai. O urubu não acreditou no que eles disseram, mas, vendo que o corpo estava coberto de moscas, pediu aos filhos que atirassem flechas pequenas nas moscas para matá-las.

Enquanto isso, o fogo começou a queimar os gravetos. Quando ficou bem forte, o morto roubou o fogo e saiu correndo.

O urubu-rei, a mulher, os filhos e todos os outros urubus saíram atrás do morto, que acabava de mostrar que estava mais vivo do que nunca. Para fugir da perseguição, o pajé se enfiou no buraco de um tronco, e os urubus entraram atrás. Rápido como uma flecha, ele saiu do outro lado e embrenhou-se num bambuzal cerrado, onde os urubus não conseguiram entrar.

O homem atravessou o bambuzal e saiu do outro lado. Continuou correndo com o fogo e chegou à beira de um rio muito largo. Na outra margem, estavam os parintins. Era muita gente.

O pajé parintim pensava como chegaria à outra margem do rio com o fogo que roubara do urubu-rei. Teve a ideia de chamar a **cobra-surradeira**. Quando ela chegou, ele colocou o fogo nas costas dela e pediu que o levasse para o seu povo.

A surradeira, que é uma cobra ágil e veloz, saiu deslizando, entrou no rio e foi nadando rapidamente. Ao chegar no meio do rio, porém, a cobra morreu queimada.

O pajé pegou um bambu verde e bem comprido, alcançou o fogo e trouxe-o de volta. E chamou outra cobra. Pôs o fogo nas costas dela, mas, quando ela estava no meio da travessia, também morreu queimada. Ele chamou outra cobra, e mais outra, e mais outra, e com todas aconteceu a mesma coisa. Então, teve a ideia de pedir ao camarão para levar o fogo à outra margem. O camarão foi bem até a metade do rio, mas, quando lá chegou, acabou morrendo queimado.

Depois, chamou o caranguejo e a **saracura**, e com eles aconteceu a mesma coisa. O mensageiro escolhido em seguida foi o **sapo-cururu**. De pulo em pulo, o cururu chegou à outra margem, onde toda a aldeia esperava, ansiosa. Os indígenas pegaram o fogo e o levaram para a oca.

Do outro lado do rio, o pajé pensava como faria para chegar à sua aldeia. Finalmente, resolveu usar seus poderes mágicos e diminuiu o rio até ele ficar bem estreitinho. Então, deu um salto sobre as águas e reuniu-se novamente a seu povo. O sapo-cururu foi nomeado assistente do pajé.

A partir desse dia, os parintins tiveram fogo e passaram a assar as caças, os peixes, o milho e a mandioca.

(*Inspirada em "O roubo do fogo", do livro* Moronguêtá: um decameron indígena.)

OS BICHOS DA HISTÓRIA

URUBU-REI

É uma ave de rapina imponente e muito colorida, que tem esse nome devido ao respeito que inspira nos outros urubus, que não disputam comida com ele.

SARACURA

Ave pernalta, vive junto a rios e lagoas. Costuma cantar em grupo, de manhã e à tarde.

COBRA-SURRADEIRA

Cobra muito rápida e ágil. Os parintins, que vivem no Amazonas, a chamam de "temopiriti".

CURURU

O sapo-cururu, ou cururu, é a espécie mais comum no Brasil. Em tupi, cururu quer dizer "sapo".

ASSADO INDÍGENA

Para cozinhar carnes e raízes, alguns povos originários cavavam uma vala, colocavam galhos secos e coquinhos e punham fogo. Esse é o moquém. As brasas eram cobertas com um pouco de terra, e o alimento, embrulhado em folha de bananeira e também coberto com um pouco de terra, era assado lentamente. Esse é o moqueado. Daí se originou a palavra "moqueca".

PARINTINS

A cidade de Parintins fica na ilha de Tupinambarana, na margem direita do rio Amazonas. Era habitada pelos povos sapupés, peruvianos, mundurucus, maués, parintins e tupinambás (que deram nome à ilha e à cidade).

Festa do boi-bumbá.

BRINCADEIRA DE RUA

O boi-bumbá, ou bumba-meu-boi, é uma brincadeira de rua que acontece em todo o Brasil. Surgiu a partir de uma lenda que se originou no Nordeste durante o ciclo do gado, nos séculos XVII e XVIII, quando a vida das pessoas do interior da região girava em torno do boi e da sua criação. A história começou a ser encenada e se tornou um espetáculo de rua. Hoje existem várias versões diferentes.

Boi-Bumbá

Um fazendeiro comprou um boi para a festa de aniversário da mulher e entregou o animal ao capataz, dizendo-lhe que ele deveria ser bem tratado.

Num sítio vizinho, vivia Chico com sua família: a mulher Catarina, a filha Glória, a avó Guiomar e o compadre Cazumba.

Catarina estava grávida e sentiu uma vontade muito grande de comer língua de boi. Para satisfazer o desejo da mulher, Chico saiu e matou o primeiro animal que encontrou — justamente o boi do fazendeiro vizinho.

A mulher ainda não tinha tido tempo de provar a língua do boi quando o fazendeiro chegou correndo à casa dela. Disse que aquele era um animal de estimação e que ele queria o seu boi vivo.

Para ressuscitar o boi, todos saíram em busca do pajé.

Quando encontraram o pajé, ele pediu cachaça, tabaco, carvão e ervas para fazer uma defumação. Sentou-se no seu banquinho, passou cachaça nos braços, acendeu um cigarro e deu início à pajelança. Muita gente foi chegando e parou para assistir. Além do fazendeiro e da família de Chico e Catarina, vieram os vaqueiros da fazenda, o pessoal da aldeia do pajé, o capitão, o soldado e alguns animais: um cavalo, uma ema e um burrinho.

Tocando o maracá, o pajé começou a dançar e a cantar em volta do boi. E o bicho ressuscitou.

Com o boi vivo, todos entraram na dança. Só que o boi, que antes era manso, depois de ressuscitado começou a atacar as pessoas ao redor.

Todos saíram correndo, e o boi foi atrás.

Essa história é tão marcante no Norte que originou a Festa do Boi, que foi crescendo e se tornou o Festival de Parintins, o carnaval amazônico. Em junho, no Pará, todas as cidades fazem apresentações de bumba-meu-boi. A Festa do Boi é a principal festa da Amazônia e uma das maiores do Brasil. Dizem que no século XIX, em Belém, o boi-bumbá reunia escravizados, que representavam a luta de classes dentro da sociedade colonial.

A FESTA DO BUMBA-MEU-BOI

Por ser uma brincadeira tradicional da zona rural, geralmente só os homens atuam; os papéis das mulheres são feitos por homens vestidos de mulher.

O boi é interpretado por uma pessoa conhecida como "tripa": ela coloca uma cabeça de boi, cobre o corpo com uma grande capa preta bordada e anda dobrada, para imitar o animal.

Saindo pela rua, o boi cumprimenta os donos das casas por onde passa e as pessoas que dançam à sua volta. O boi requebra muito, fazendo acrobacias incríveis. Entra numa casa, toma a bebida que os donos da casa oferecem, e sai para outra visita. E assim vai, noite afora, ao som das matracas, rabecas, cavaquinhos e zabumbas, dançando sem parar.

Finalmente, o boi volta para o curral, acompanhado pela multidão. Num estrado decorado com fitas, panos e flores, começam as danças, até que o boi morre e é esquartejado e dividido simbolicamente entre a plateia.

Apresentação do boi Caprichoso (azul).

NAS RUAS DA AMAZÔNIA

Em Parintins, onde a festa sempre foi muito importante, formaram-se dois grandes grupos: o do boi Garantido (vermelho) e o do boi Caprichoso (azul). Quando eles se encontravam, lançavam desafios um ao outro.

Na década de 1960, o boi-bumbá saiu das ruas da cidade e foi para as quadras, criando o Festival Folclórico. Em 1988, foi construído o "bumbódromo", com formato de cabeça de boi e capacidade para 35 mil pessoas.

No bumbódromo, os bois dançam e cantam. As músicas referem-se ao folclore e reproduzem os sons de pássaros e da floresta. Durante 3 noites, os 2 bois representam histórias amazônicas, rituais indígenas e a vida dos ribeirinhos. O ponto alto da festa é a dança da pajelança, quando o pajé ressuscita o boi.

CARNAVAL AMAZÔNICO

O festival de Parintins equivale ao carnaval na Amazônia. O público se reúne no bumbódromo, como numa final de campeonato, onde se apresentam os conjuntos folclóricos do boi Caprichoso e do boi Garantido. Os torcedores não falam o nome do boi adversário; ele é chamado de "contrário". A disputa é tão séria que as pessoas pintam as paredes da casa e usam roupas da cor do seu boi.

VERMELHO X AZUL

O festival de Parintins atrai muitos turistas. A cidade se prepara para receber os visitantes com um colorido especial nas ruas: quase tudo fica vermelho e azul!

O marechal Rondon

Quando Cândido Mariano da Silva Rondon nasceu, numa cidadezinha de Mato Grosso, em 1865, ninguém imaginava que ele daria nome a um estado e mudaria completamente o modo de se relacionar com os povos originários. Aos 2 anos de idade, o menino ficou órfão de pai e mãe e foi criado por um tio em Cuiabá, onde estudou e se formou **professor** aos 16 anos. Para continuar os estudos sem pagar, entrou para o Exército e cursou a Academia Militar, no Rio de Janeiro, onde adotou as **ideias positivistas**.

Formou-se em engenharia, matemática e ciências e lecionava astronomia quando foi encarregado de instalar o **telégrafo** entre Mato Grosso e Amazonas. Para a tarefa, foi criada a Comissão Rondon, formada por soldados e oficiais comandados por ele.

Idealista como era, logo percebeu que esse projeto poderia ser muito maior que o telégrafo: desbravando terras desconhecidas, a equipe entraria em contato com os povos indígenas que ali viviam e conheceria melhor os segredos do interior do Brasil.

Foram muitas as expedições que Rondon fez pela mata e pelo sertão. Durante 6 anos, percorreu 4 mil quilômetros em Mato Grosso e mapeou grande parte das terras do seu estado. Nessas viagens, era acompanhado por geólogos, **etnógrafos**, botânicos, zoólogos e linguistas.

Satisfeito com as dezenove estações que tinham sido instaladas, em 1907 o presidente Afonso Pena decidiu expandir o telégrafo na Amazônia. Para cumprir essa missão, Rondon atravessou Mato Grosso e entrou em Guaporé (atual Rondônia), percorrendo áreas desconhecidas. Estudou a região, fazendo o **levantamento topográfico** e o mapeamento dos rios.

Os soldados não estavam preparados para enfrentar a selva e se aterrorizavam com ela. Quando chegaram ao rio Juruena, sofreram um ataque dos **nhambiquaras**, que viviam na região.

A viagem era muito difícil. Num dos trechos, depois de enfrentarem uma serra íngreme — a chapada dos Parecis —, a comida acabou. Eles mataram os bois que carregavam a carga para comer, e, assim, tiveram que continuar a viagem levando a carga nas costas. Acabando a carne dos bois, passaram a se alimentar de insetos, macacos, peixes e mel.

Foram abrindo caminho pela floresta até chegar ao rio Jamari, onde, depois de longo tempo, encontraram os seringueiros que extraíam látex das árvores.

Nessa época, Rondon foi convidado para organizar o **Serviço de Proteção aos Índios (SPI)** e voltou ao Rio de Janeiro. Mas viajava para a região constantemente, a fim de supervisionar as linhas telegráficas.

Em 1913, Theodore Roosevelt, ex-presidente dos Estados Unidos, em visita ao Brasil, decidiu fazer um safári. Rondon foi escolhido para guiá-lo e propôs que ele o acompanhasse na exploração de um rio desconhecido, que o marechal apelidara de rio da Dúvida. Assim teve

início a expedição Roosevelt-Rondon, que foi de barco até Mato Grosso e de lá seguiu com 250 animais de carga. Os líderes iam a cavalo, os soldados, a pé.

Mas os dois homens tinham objetivos muito diferentes: Roosevelt queria vivenciar uma aventura rápida e levar plantas brasileiras para o Museu de História Natural de Nova York; Rondon queria fazer o levantamento topográfico do rio e e dos seus afluentes, o que era demorado.

Como havia muitas cachoeiras nos rios que percorriam, eles tiveram de fazer grande parte do percurso a pé. Quando a comida acabou, os norte-americanos se apavoraram; os brasileiros, mais habituados, satisfaziam-se com o que caçavam e colhiam nas árvores.

Para acelerar a viagem, Rondon teve de interromper o trabalho, mas, mesmo assim, ela continuou demorada por causa das corredeiras dos rios e da malária que atacou muitos homens, inclusive Roosevelt e o filho. Finalmente, chegaram à confluência do rio Aripuanã com o rio da Dúvida — que Rondon rebatizou de Roosevelt em homenagem ao visitante.

Cândido Rondon acompanhou Roosevelt e a equipe até Manaus e de lá para Belém, onde eles tomaram um navio para Nova York. Sem descansar, Rondon voltou imediatamente de

Belém, pelos rios Amazonas e Madeira, para iniciar a fase mais difícil da construção do telégrafo — atravessar a cabeceira do rio Ji-Paraná para atingir o rio Jamari. Lutando contra fome, doenças, insetos e animais selvagens, a Comissão Rondon concluiu a tarefa, inaugurando a linha telegráfica de Cuiabá a Santo Antônio do Madeira em 1º de janeiro de 1915.

Rondon fez o levantamento de 50 mil quilômetros lineares de terras e águas e inscreveu no mapa 12 rios. Foram construídos 2270 quilômetros de linhas telegráficas e 28 estações de telégrafo, que logo se tornaram cidades.

Empenhado em proteger os povos originários, Rondon criticava a política de maus-tratos destinada a eles. O problema aumentou com a exploração da borracha. Os seringueiros invadiram as terras indígenas, agravando o conflito com os povos nativos.

Em 1956, o território de Guaporé mudou de nome para Rondônia. No mesmo ano, a política criada por Rondon foi indicada como modelo para o mundo todo em Genebra, na Suíça.

Rondon recebeu essas homenagens 2 anos antes de morrer, em 1958, aos 92 anos, no Rio de Janeiro.

Em 1906, Rondon inaugurou 1800 km de linhas telegráficas, 32 pontes e 19 estações de telégrafo (inclusive no Paraguai e na Bolívia).

Telégrafo.

ENCURTANDO DISTÂNCIAS

O telégrafo é um sistema de comunicação a distância por impulsos eletromagnéticos. A primeira linha telegráfica foi criada por Samuel Morse em 1844, nos Estados Unidos. No Brasil, o telégrafo foi inaugurado no Rio de Janeiro, em 1852.

"MORRER, SE PRECISO FOR; MATAR, NUNCA" — ESSE ERA O LEMA DE RONDON.

Em homenagem a Rondon, o dia de seu nascimento, 5 de maio, tornou-se o Dia das Comunicações.

A TEORIA E A PRÁTICA

Criado em 1910, o Serviço de Proteção aos Índios (SPI) seguia os princípios de Rondon, seu diretor: assegurar a paz com os indígenas e negociar uma reserva de terra para eles. A posse deveria ser garantida pelo SPI, que muitas vezes não cumpriu essa função. Em 1967, foi extinto por má administração. Em seu lugar, surgiu a Fundação Nacional do Índio (Funai).

O POSITIVISMO

Criado no século XIX na França, por Auguste Comte, o positivismo acreditava que a ciência e a tecnologia trariam progresso, e dividia a humanidade em estágios evolutivos, de acordo com seus modelos.

QUE PROFESSOR NOVO!

A Escola Normal (1774-1973) era um curso para formar professores do Ensino Fundamental. Os alunos podiam cursá-la a partir dos 12 anos, por isso Rondon se formou professor aos 16 anos.

A etnografia estuda povos, línguas e culturas.

A COBIÇA PELAS MINAS

A extração de minérios nas terras indígenas é proibida; ainda assim, é uma das causas da violência sofrida pelos povos originários. Os conflitos territoriais resultam frequentemente em ameaças, lesões, discriminações e, em muitos casos, mortes.

NHAMBIQUARAS

Os nhambiquaras vivem no oeste de Mato Grosso e em Rondônia. Tiveram contato com a expedição de Rondon no início de 1900. Eram guerreiros destemidos. Na caça e na guerra, usavam um veneno leve de cobra na ponta das flechas: o bicho ou a pessoa caíam na hora, mas o efeito durava apenas 2 horas. Na década de 1960, a região em que viviam foi cortada pela estrada Porto Velho-Cuiabá, facilitando a invasão de madeireiros, fazendeiros e mineradores, que levaram doenças contra as quais eles não tinham imunidade. Sobreviveram apenas cerca de 15%, que foram transferidos para uma reserva, onde têm lutado contra a invasão de garimpeiros em suas terras.

Rondon realizou estudos de topografia na região amazônica.

Um levantamento topográfico é a pesquisa detalhada de um terreno e sua medição, que é representada em gráficos e mapas.

Garimpo manual.

OURO NO MADEIRA

No final da década de 1970, surgiram os primeiros garimpos manuais no rio Madeira. Atualmente, dragas e balsas são usadas para a exploração ilegal do ouro. Nesse rio, cheio de corredeiras e com grande potencial hidrelétrico, foram construídas duas grandes usinas hidrelétricas: Jirau e Santo Antônio.

Dragas — embarcações que extraem ouro do fundo do rio Madeira — trabalham dia e noite em Rondônia.

COMO A AMAZÔNIA SE TORNOU BRASIL

Abrangendo os estados do Acre, Amapá, Amazonas, Pará, Rondônia, Roraima,Tocantins, Mato Grosso e parte do Maranhão, a Amazônia Legal estende-se por mais de 5 milhões de km², ocupando quase metade do Brasil. Mas nem sempre foi assim.

UM POUCO DE HISTÓRIA

Pelo Tratado de Tordesilhas, assinado em 1494 entre Portugal e Espanha, a Amazônia era espanhola. Porém, durante o período colonial, várias incursões ao interior resultaram na ampliação das fronteiras do Brasil, como a viagem de exploração de Pedro Teixeira (1639), que tomou posse de grande parte da bacia amazônia e fundou povoados.

Pouco depois, em busca de prata, o bandeirante Raposo Tavares saiu de São Paulo em 1648 com uma expedição que subiu o rio Paraguai e atingiu os rios Madeira e Amazonas. Três anos depois, chegou ao Pará e voltou a São Paulo, tendo percorrido 10 mil quilômetros e anexado terras que pertenciam à Espanha. Essa foi a primeira viagem oficial de reconhecimento geográfico da maior parte do território brasileiro.

Teatro Amazonas, em Manaus.

Nesse período, surgiram as missões jesuítas, com o objetivo de catequizar os povos originários. Por volta de 1650, mais de 50 mil indígenas da Amazônia viviam em missões católicas, trabalhando na agricultura e no artesanato. Durante o governo do marquês de Pombal (1699-1782), os jesuítas foram expulsos do Brasil. As aldeias indígenas tornaram-se cidades, como Santarém e Bragança. Em 1750, Portugal e Espanha assinaram o Tratado de Madri, e o Brasil ganhou fronteiras próximas das atuais. No século XIX, a Amazônia ficou famosa pela descoberta da borracha, mas a falta de planejamento e a busca de lucro rápido levaram à exploração desenfreada.

O CICLO DA BORRACHA

Da segunda metade do século XIX ao início do XX, a Amazônia começou a ser ocupada para a extração e a comercialização da borracha, que atraiu gente do Brasil e do mundo todo em busca de riqueza. O primeiro período do ciclo da borracha (1877-1913) foi impulsionado pelas fábricas europeias; o segundo (década de 1940), durante a Segunda Guerra Mundial, pela indústria norte-americana.

A borracha enriqueceu as capitais da região. São dessa época o Teatro Amazonas, em Manaus; o Museu Emílio Goeldi, a Basílica de Nazaré e o Teatro da Paz, em Belém. Foram criados os portos e as companhias de transporte fluvial (por rio). Mas a borracha silvestre brasileira perdeu terreno para a borracha das seringueiras plantadas na Malásia e na Indonésia com sementes contrabandeadas do Brasil. Em 1913, acabava, de forma repentina, o ciclo da borracha. E muitas cidades entraram em decadência.

EXPEDIÇÕES CIENTÍFICAS

Grande parte da catalogação da flora e da fauna brasileiras foi feita pelos naturalistas (botânicos e zoólogos) que viajaram pelo Brasil desde o século XVI. Em 1743, o francês Charles-Marie de la Condamine descobriu a borracha na Amazônia. De 1783 a 1792, o brasileiro Alexandre Rodrigues Ferreira explorou toda a bacia amazônica até o Pantanal. O francês Henri Coudreau e a esposa Octavie fizeram várias expedições pela Amazônia (1881-99) para estudar botânica, zoologia e etnologia.

Centro antigo de Rio Branco, capital do Acre.

O ACRE MUDA DE PAÍS

Os problemas econômicos ocorridos no Nordeste e a procura pela borracha no século XIX levaram grandes grupos de migrantes para o atual estado do Acre, que ficava em território boliviano. Essa movimentação despertou o interesse do governo da Bolívia, que solicitou a fixação mais precisa da fronteira na região.

À medida que crescia a procura da borracha, mais gente ia para o Acre em busca de riqueza. Só na região do rio Purus, em um ano, a população aumentou de mil para 4 mil habitantes. Antes do fim do século XIX, mais de 50 mil brasileiros ocupavam a área.

Em 1890, a Bolívia percebeu que havia no país mais de trezentos seringais ocupados por brasileiros. Em 1899, os bolivianos estabeleceram um posto em Puerto Alonso para cobrar impostos sobre as atividades dos brasileiros. O Brasil reconheceu oficialmente que aquelas terras eram bolivianas, e os brasileiros que lá estavam se revoltaram.

A Bolívia se aliou ao Bolyvian Syndicate para garantir a posse do Acre, usando para isso a força armada. O governador do Amazonas foi informado desse acordo por Luís Gálvez, funcionário do consulado boliviano em Belém, e enviou o próprio Gálvez, com um pelotão, para ocupar Puerto Alonso.

Gálvez proclamou a República do Acre, com o apoio dos brasileiros. A ideia de Gálvez era afastar a região do domínio boliviano, para depois pedir que ele fosse anexado ao Brasil. Mas a Bolívia protestou e o governo brasileiro extinguiu a República do Acre em 1900. Os brasileiros se rebelaram. Em 1902, organizaram uma insurreição: comandados por José Plácido de Castro, ex-aluno da escola militar, um grupo de seringueiros prendeu as autoridades bolivianas e tomou Puerto Alonso (1903). O ministro do Exterior, barão do Rio Branco, neutralizou o Bolyvian Syndicate, e o Brasil comprou as terras bolivianas (1904). Em seguida, o governo do Peru reivindicou parte do Acre e uma grande extensão do Amazonas. Rio Branco propôs uma administração conjunta dos dois países até que, em 1909, a fronteira foi definida, integrando ao território do Brasil a área em que a comunidade brasileira vivia.

A ECONOMIA

A Amazônia tem minas de diamante e ouro, além de reservas de ferro, manganês, bauxita, alumínio, linhita, sal-gema, petróleo e gás. A indústria produz tecidos de juta, madeira serrada, borracha, cimento e bebidas. Em Manaus, há uma refinaria de petróleo e também a Zona Franca.

BOLYVIAN SYNDICATE: União de empresas inglesas e norte-americanas que detinham o mercado de borracha.

Chegada da procissão do Círio de Nazaré à Basílica de Nossa Senhora de Nazaré, em Belém. Essa é a maior festa cristã do planeta.

POPULAÇÃO E MANIFESTAÇÕES RELIGIOSAS

A maior parte da população amazônica é composta de descendentes de indígenas e europeus. No entanto, o Amapá recebeu escravizados que deixaram sua marca cultural. As festas locais celebram os dias santos, numa integração das culturas portuguesa e africana. No antigo quilombo de Curiaú e em Macapá comemora-se a Festa do Marabaixo, em homenagem ao Divino Espírito Santo, em que as pessoas dançam em círculo ao ritmo dos tambores. Mas a principal manifestação religiosa da Amazônia é o Círio, em devoção à Nossa Senhora de Nazaré, que reúne mais de 2 milhões de pessoas em Belém, capital do Pará, no segundo domingo de outubro.

DISPUTA PELA AMAZÔNIA

A Amazônia vem sendo alvo de cobiça pela sua riqueza natural. Pela sua importância, frequentemente, a região aparece em debates internacionais sobre proteção do meio ambiente em nível global. Cada vez mais, as pessoas se conscientizam e condenam as queimadas e a derrubada de árvores, e diversos organismos buscam uma solução que traga progresso econômico, humano e social sem desrespeitar o meio ambiente.

Entre 2023 e 2024, o desmatamento diminuiu. Mesmo assim, em 2 anos, foi devastada uma área de floresta equivalente a 3 vezes o Distrito Federal.

O desenvolvimento sustentável, que respeita o ciclo da floresta, está se expandindo. Como vimos ao longo deste livro, diversas comunidades, grupos e organizações trabalham sem agredir a natureza. Para conservá-la e adotar o manejo sustentável, é preciso conhecer as espécies vegetais e o seu uso produtivo. Esse processo ainda está se iniciando na Amazônia, onde, a cada ano, novas plantas e animais são descobertos. Incentivar a pesquisa científica é fundamental no Brasil. Ainda temos muito a descobrir!

A ZONA FRANCA DE MANAUS

Zona franca é uma área de livre comércio, que oferece benefícios fiscais às empresas ali instaladas. Criada em 1967 para desenvolver a Amazônia ocidental, a Zona Franca de Manaus tornou-se um centro de grande atividade comercial e industrial. Existem vários polos industriais em Manaus: eletroeletrônico, termoplástico, relojoeiro, óptico, metalúrgico, químico, de informática, de motos e bicicletas, de canetas e isqueiros e de brinquedos.

Bibliografia

ANDRADE, Mário de. *Macunaíma*. São Paulo: Círculo do Livro. Texto revisto por Telê Porto Ancona Lopez, 1987.

ARAÚJO, Alcy. *Jardim clonal*. Macapá: Associação Amapaense de Escritores — Apes, 1997.

BALDUS, Herbert. *Estórias e lendas dos índios*. 2. ed. São Paulo: Edigraf, s.d. (Antologia Ilustrada do Folclore Brasileiro, série Estórias e Lendas).

CARNEIRO DA CUNHA, Manuela; BARBOSA DE ALMEIDA, Mauro. *Enciclopédia da floresta*. São Paulo: Companhia das Letras, 2002.

CONTES *amérindiens*. Paris: CILF, 1987.

COSTA E SILVA, Alberto (org.). *Lendas do índio brasileiro*. Rio de Janeiro: Ediouro, 2000.

C. TESCHAUER, S. J. *A vifauna e flora nos costumes, superstições e lendas brasileiras e americanas (estudos etnológicos)*. 3. ed. Porto Alegre: Edição da Livraria do Globo, 1925.

GALLOIS, Dominique Tilkin. *Ka'a Ete: Waiãpi, o povo da floresta*. São Paulo: USA/APA, 1989.

GRUBER, Jussara Gomes. *O livro das árvores: ticuna*. Benjamin Constant, Amazonas: Organização Geral dos Professores Ticuna, 1998.

KOCH-GRÜNBERG, Theodor. Mitos e Lendas dos Índios Taulipáng e Arekuná. *Revista do Museu Paulista*, Nova Série, 7: 9-202, 1953.

HARTT, Charles Frederik. *Mitos amazônicos da tartaruga*. São Paulo: Perspectiva, 1977.

HENRIQUE, Waldemar. *Só Deus sabe porque*. Belém: Secretaria do Estado do Pará/ Fundação Cultural do Pará Tancredo Neves, 1989.

LOPEZ, Telê Porto Ancona. *Macunaíma: o herói sem nenhum caráter* (edição crítica). Rio de Janeiro: Livros Técnicos e Científicos; São Paulo: Secretaria da Cultura, Ciência e Tecnologia, 1978.

MEDEIROS, Sérgio (org.). *Makunaíma e Jurupari: cosmogonias ameríndias*. São Paulo: Perspectiva, 2002.

MELLO, Anísio. *Estórias e lendas da Amazônia*. São Paulo: Edigraf, 1963.

MELLO, Thiago. *Num campo de margaridas*. Rio de Janeiro: Civilização Brasileira, 1986.

MELLO E SOUZA, Gilda. *O tupi e o alaúde*. São Paulo: Editora 34, 2003.

PEREIRA, Manuel Nunes. *Moronguêtá: um decameron indígena*. 2. ed. Rio de Janeiro: Civilização Brasileira/ Instituto Nacional do Livro/ Ministério da Educação e Cultura, 1980.

PROENÇA, Manoel Cavalcanti. *Roteiro de Macunaíma*. São Paulo: Anhembi, 1955.

SANTOS, Eurico Ribeiro dos. *Histórias, lendas e folclore de nossos bichos*. Rio de Janeiro: O Cruzeiro, 1957.

WILLY, Aureli. *Sumaúma*. São Paulo: Clube do Livro, 1966.

Sites

Amazônia: <www.amazonia.org.br>
Ambiente Brasil: <www.ambientebrasil.com.br>
Amigos da Terra: <https://amigosdaterra.org.br>
Árvores vivas: <arvoresvivas.wordpress.com>
Cadastro Nacional de Unidades de Conservação: <https://cnuc.mma.gov.br>
Censo da Biodiversidade: <http://censo.museu-goeldi.br:8080/museugoeldi-web-1.2.0/paginas/index.xhtml>
Comissão Pró-Índio: <https://cpisp.org.br/>
Conservação Internacional Brasil: <www.conservation.org.br>
Coordenação das Organizações Indígenas da Amazônia Brasileira (COIAB): <https://coiab.org.br>
Embrapa Florestas: <www.cnpf.embrapa.br>
Fundação Nacional dos Povos Indígenas: <https://www.gov.br/funai/pt-br>
Fundação SOS Amazônia: <www.sosamazonia.org.br>
Fundo Brasileiro para a Biodiversidade (FUNBIO): <www.funbio.org.br>
Instituto Brasileiro de Geografia e Estatística: <https://www.ibge.gov.br>
Instituto Chico Mendes de Conservação da Biodiversidade (ICMbio): <https://www.gov.br/icmbio/pt-br>
Instituto do Homem e Meio Ambiente da Amazônia: <https://imazon.org.br>
Instituto Nacional de Pesquisas da Amazônia (INPA): <www.inpa.gov.br>
Instituto Nacional de Pesquisas Espaciais: <https://www.gov.br/inpe/pt-br>
Instituto de Pesquisa Ambiental da Amazônia: <https://ipam.org.br/pt>
Instituto Socioambiental (ISA): <www.socioambiental.org>
MapBiomas: <https://brasil.mapbiomas.org>
Portal Amazônia: <https://portalamazonia.com>
Povos Indígenas de Roraima: <https://povosindigenasrr.uerr.edu.br/p%C3%A1gina-inicial>
Povos Indígenas no Brasil: <https://pib.socioambiental.org/pt/P%C3%A1gina_principal>
Unidades de Conservação no Brasil: <https://uc.socioambiental.org/pt-br>

Sites acessados em julho/2025.

Créditos das imagens

Adriano Gambarini: pp. 18 (abaixo), 19, 20, 21, 34 (acima), 35, 42, 43 (abaixo), 44, 46, 50 (acima), 51, 59, 65, 67
Alessandra Sampaio: p. 56 (abaixo à direita)
Alexandre Cassiano/ Agência O Globo: p. 57
Ana Gabriela Fontoura: p. 61 (abaixo)
Arquivo do Instituto de Estudos Brasileiros da USP – Fundo Mário de Andrade, MA-F-1873C: p. 39
Daniel Marenco/ Agência O Globo: p. 56 (abaixo à esquerda)
Fernando Nuno: pp. 13, 47 (acima), 50 (abaixo), 60 (terceira foto de cima para baixo)
Flavya Mutran/ Folhapress: p. 77
Homero Sérgio/ Folhapress: p. 54
Lalo de Almeida/ Folhapress: p. 43 (acima)
Marcos Vicentti/ Folhapress: p. 76
Maria Fernanda Marthe: pp. 16, 24, 30 (acima), 32 (acima), 45 (acima)
Marlene Bergamo/ Folhapress: p. 61 (acima)
Reginaldo Prandi: pp. 12 (acima), 18 (acima), 25 (acima), 30 (abaixo), 31, 33, 58, 75
Reuters Photographer/ Latinstock: p. 56 (acima)
Silvana Salerno: pp. 12 (abaixo), 25 (abaixo), 32 (ao centro e abaixo), 34 (abaixo), 45 (abaixo), 47 (abaixo), 60 (primeira e segunda fotos de cima para baixo e foto abaixo à direita)

Todos os esforços foram feitos para determinar a origem das imagens deste livro. Nem sempre isso foi possível. Teremos prazer em creditar as fontes, caso se manifestem.

Sobre a escritora

Foto de Nilton Fukuda

SILVANA SALERNO

Sou uma paulistana que adora a Amazônia. Estudei jornalismo e letras na USP e trabalho com os livros desde os 18 anos. Fiz de tudo um pouco: fui revisora, tradutora, editora, sou escritora e pesquisadora. O que mais gosto de fazer é escrever para a infância e a juventude e conversar com os leitores. Tenho 40 livros publicados; um dos primeiros, *Viagem pelo Brasil em 52 histórias* (Companhia das Letrinhas), ganhou o prêmio Figueiredo Pimentel de 2007 da Fundação Nacional do Livro Infantil e Juvenil (FNLIJ). Do Brasil, me concentrei na Amazônia, com este livro, que recebeu o selo Altamente Recomendável da FNLIJ, e então ampliei as fronteiras com *Viagem pelas histórias da América Latina* (Companhia das Letrinhas), premiado pela AEILIJ como Melhor Reconto (2023). Fiz muitas traduções e adaptações, como *Germinal, Ilusões perdidas, Guerra e paz* (Seguinte), que receberam o selo Altamente Recomendável da FNLIJ, e *Os miseráveis* (Seguinte), finalista do Jabuti. Quando estava no 5º ano do Ensino Fundamental, ganhei da professora o livro *Norte*; foi como se ela tivesse lido meus pensamentos! Anos depois, conheci a Amazônia. Lá, tudo é muito especial: as paisagens, as pessoas, a cultura, o transporte (por barco), a comida, o artesanato e até o modo de dormir (em rede). Foi esse encanto que me levou a escrever este livro, que é minha carta de amor à Amazônia e que eu compartilho com você.

Sobre o ilustrador

Acervo pessoal

CÁRCAMO

Gonzalo CárcamO nasceu na cidade de Los Ángeles, no sul do Chile. Chegou ao Brasil em 1976 para concluir a faculdade de arquitetura e decidiu ficar. Já fez caricaturas e ilustrações para vários jornais, revistas e livros no Brasil, na Espanha e no Chile, e conquistou alguns prêmios como caricaturista e ilustrador. Tem verdadeira paixão por escrever, pintar aquarela e ilustrar livros para crianças. É autor dos livros *Modelo vivo, natureza morta* (Paulus); *Lorotas da cobra Gabi, A fantasia do urubu Beleza* (estes 2 pela Melhoramentos); *O amigo fiel* (Berlendis), adaptação de um conto de Oscar Wilde; *Thapa Kunturi, Gelo nos trópicos, De quanta terra precisa o homem*, adaptação de um conto de Liev Tolstói (estes 3 pela Companhia das Letrinhas); e, também de Tolstói, *A pedra na praça* (Rovelle), uma coletânea de histórias. Além de fazer livros, CárcamO se dedica a pintar e a dar aulas de aquarela em seu ateliê, em São Paulo.